台風クラブ

作家主義　相米慎二　2023

シナリオ完全採録

「暗闇でDANCE」のはじまり

文　小林淳一

冒頭、プールサイドでバービーボーイズの「暗闇でDANCE」をラジカセで鳴らし、踊り狂う少女たち。──それは1985年にはじまる。第1回東京国際映画祭・ヤングシネマ部門。審査員のベルナルド・ベルトリッチが激賞、「台風クラブ」はグランプリに輝いた。2001年、9月11日、アメリカ同時多発テロ発生。その2日前、相米慎二は逝った──。

近年、急速に国際的な再評価が高まっている相米慎二。台湾・香港のアカデミー賞と言われる金馬奨。一昨年、相米慎二監督の特集が行われ、「台風クラブ」に対し、ホウ・シャオシェンは言った。「──これが、映画だ。」。その海外での再評価の波はさらに広がりを見せている。9月8日からニューヨークで「台風クラブ」と「ションベン・ライダー」の公開も決まった。

相米慎二の神話的な一本が「台風クラブ」。待望の「4K」化が実現。その映像が、よりリアルに、よりセクシャルに覚醒を遂げる。ギリギリの刹那、それでいて、どこか異次元の空間と時間を生きているような感覚。そして、性と死。そうした「リアル」「エロス」「ファンタジー」という要素は、相米自身が夢幻していたかもしれない「画像」となって、「4K」で新しく生まれ変わる。それは、観たすべての者に（初見の者も含め）、新しい映像体験させることであろう。

4Kへ、「翔んでみせろ」

文　小林淳一

「台風クラブ4K レストア版」。その監修をしたのは「台風クラブ」助監督の榎戸耕史。相米映画を知り尽くした男（6本を助監督）。冒頭のプールの水の色の〝緑〟から「4K版」の革新が伝わる。

「あのシーンはリテイクです。1回目はカメラマンの伊藤（昭裕）が「ちょっと色が」と。そのくらいあの〝緑〟にこだわっていた。僕は当時プリントのタイミング作業にも立ち会ってるんで、今回はカメラマンがどうしたかったかを思い出しながらそれに近づける作業をしました。学校の外の映像。手前の芝居は出来上がっているわけです。朝・昼・夕方・夜、窓の外では木が揺れている。台風のニュアンスを出すために僕らが揺らしているわけだから。以前のバージョンではよく見えない。「せっかく揺らしてるんで映ってくれ」という感じ。木々の揺れも雨も風も「4K」でよく見えるようになったと思います。肌色にも伊藤はこだわっていました。肌色って全体のトーンを決める基調なんです。これは綺麗になりました。伊藤は鈴木達夫さんの助手で、「ションベン・ライダー」のBカメラマンです。「台風」は丸池納さんに断られ、栗田豊通さんがスケジュールNG、それで伊藤になったんです。相米さんは撮影監督の想いを大切にしていました。伊藤の神経質な面が逆によく出た映画だと思いますし、「4K」はその意に近づいたんじゃないかなと思います」

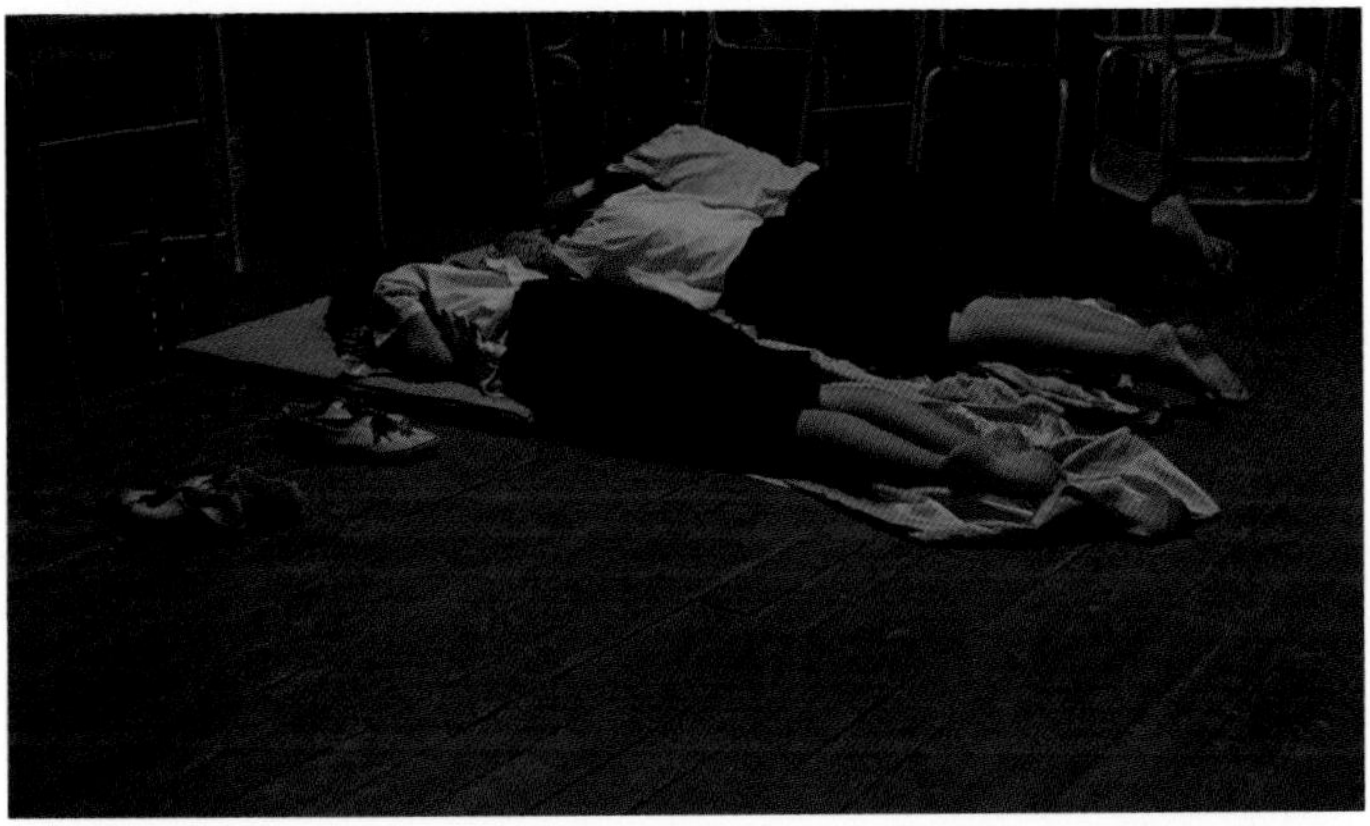

工藤夕貴

わたしをぎゅうって抱きしめて
ぶんぶん振り回して
「泣くな！ 泣くな！」って

構成　小林淳一

――「台風クラブ」出演のきっかけは？

工藤夕貴　わたしの映画デビュー作は「逆噴射家族」でした。オーディションの話が来て、「絶対やりたくない！」と事務所と喧嘩する様な状況だったんですが、その生意気な感じがいいということで受かってしまったんです。「逆噴射家族」がディレクターズ・カンパニーだったからか、また、次に「台風クラブ」のオーディションの話が来ましたがこれも「やっぱり絶対やりたくない」となってしまい……。当時は歌手の仕事がしたかったんです。それで、また事務所と言い争ったんですけど、結局オーディションに行かされたんです。

――そこに、相米慎二監督がいらした。

工藤　はい。相米監督のことはもちろん知らなかったです。当時はまだ子供でしたし「セーラー服と機関銃」の監督だとか勉強はしていませんでした。オーディションに受かろうという気持ちが全くなく、そういう背景も全く知らなかったので、お会いした印象は、何か変わった感じのおじさんだなあというイメージでした。

――そして、選考が進んだんですね。

工藤　最終選考に残りました。最後の登場人物たちが何人って決まっていたんです。その中にまず入りました。いろいろな役があって誰がどの役をやるのかも全然決まっていません。とりあえず選考に残ったということで調布の日活で1ヵ月近くトレーニングと称する合宿に参加して、毎日走ったり、川辺で声を出したり、そういうことを延々と毎日やらされました。どの役をやるかわはわからないまま。リハーサルでいろいろな役をみんながやる。わたしは理恵と美智子の役をやらされました。たぶん、わたしの当時の想像では、相米さんの頭の中では美智子だったんじゃないかと思うんです。

――しかし、理恵の役になった。

工藤　合宿の日々が過ぎて、どの人がどの役をやるかということで、ひとりずつ呼ばれて、相米さんにインタビューされたんです。わたしはそもそもやりたくないじゃないですか。別にはじかれてもいいと思っていました。いま考えたら大胆不敵というか、ありえないというか。相米さんが「美智子と理恵だったら」という話をされて、監督の中で、こっちの役でというのは、あったと思うんですけど、「美智子はどうか」と聞かれたんです。そこでわたしは「主役の理恵だったらやりたいけど、美智子だったらやりたくありません」って言って。監督は、髪をショートにさせたかった様ですが、またも私は「髪の毛は切りたくありません！」と言って。「これで、たぶんなくなったかもしれない」と思っていたら、理恵に決まったということを聞きました。当時は、その価値も自分で全く理解できていなくて、嬉しくはなかったんです（笑）。

――そして、撮影がはじまるわけですね。

工藤　わたしたち（出演者）は〝タコ部屋〟と言っていたんですけれど、男子部屋と女子部屋が分かれていて、全員が入れられて、そういう団体生活が始まりました。現場は凄まじかったです。オープニングの「暗闇でDANCE」がかかるプールのシーンがあるじゃないですか。わたしたちはあのシーンを「きらい　きらい」と名付けていました。「きらい　きらい」のシーンが来たよって。4回くらい撮り直しているんです。いまなら絶対にできませんよね。撮影は夜通しでしたし。明くんなんか何度沈められたか、わからないくらい。長野だから寒いんですよ、水着だし。いつ終わるかわからない。やっと撮ったと思ったらまた撮り直し。わたしたち出演者にとって鬼門のシーンで、だから「きらい　きらい」と言っていました。比較的はじめのほうで撮ったシーンで、今から考えると追い込みが始まったという感じで。実際にみんな、どんどん精神的に追い込まれていくんです。どんどん部屋の中でも険悪になっていく。わたし、いちばん小さかったし、主役だったし、生意気だから、たぶん当時、自分ではそういう気は全くなかったんですけど。最近になってようやくわかるんですよね、人に生意気ってとられてしまう危なさがあったということが（笑）。

――出演者の中で浮いていた？

工藤　最初は良かったんですが、途中から険悪になっていきました。みんな歳は同じくらいの高校生で、わたしだけが中学校の1年とか2年だから、中学生という感じの見られ方をする。あんまり仲間に入れてもらえなくて、いつも一人だったんです。当時は団体行動も苦手で、女子部屋の押し入れに住んでいたんですよ、わたしだけ。押し入れの中に懐中電灯を持ち込んで、布団を敷いて。みんな部屋で寝てるんですけれど、わたしだけ押し入れの中で寝てた。1ヵ所自分のエリアを設けて、そこから出てこなかったんですよね。本当にひきこもりみたいでした。早く（撮影が）終わってほしかった。「これ、いつまで続くんだろう」と思っていました。

――相米監督は、子供の出演者にあだ名をつけるのが有名ですが、工藤さんは付けられましたか。

工藤　3つもありました。「宇宙人」「ごみ」「しじみ」。なんで「しじみ」なのかわからない！どうして「しじみ」だったのか。「しじみ」みたいな目をしている、といわれたような気はするんですけど。わたしがいちばんNGテイクが多いと、相米さんに言われて。だってそれはいちばん出ているのでしょうがないじゃないですか。なのに「すごくフィルムを無駄にしているから金返せ！」って相米さんに言われて（笑）。「金返せないなら、マッサージをしろ」と言われて、時間があると監督の部屋に一生懸命、肩とかもまされたりとか。今だったらアウトですよね（笑）。すべての相米映画出演女優の中でいちばん相米さんをマッサージしているかもしれないです（笑）。

——三上君とのシーンも印象に残ります。

工藤　三上君が道でいなくなっちゃうところを、団地の3階から「おはよう」って声をかけて走って降りてって、というシーンがありますよね。ワンシーン・ワンカットなんですけれども、あれも3日くらいかかっているんですよね。「おはよう」というだけで朝7時くらいから日暮れくらいまで、ずうっと。エレベーターもないのに「おはよう」だけで、本番OKが出るまでこんなやり方をしなくてはいけない。今のデジタルの時代と違って35ミリフィルムじゃないですか。だから、あんまりフィルムを無駄にできないから、本番に行くとなってはじめてカメラが回るんで、それまで、ずっとリハーサルなんです。それで、相米さんはどこにいるのかっていうと、だいたい、昼寝しているのか何なのか？　どっかに行っていていないんですよね。その間、助監督の榎戸（耕史）さんが見ているんですけれど、榎戸さんもやってて、（監督を）呼べるのか呼べないのか何で判断しているのか、定かでないんです。榎戸さんがずうっと見ていて、しばらくたつと、相米さんが、見に来る。「あ、やっと本番いけるかなあ」と思うと、また、さーーといなくなっちゃうんです。延々に「おはよう」と言って、いろいろな降り方をしたり、なんとかOKを取る為、必死にいろいろなやり方をして、でも全然だめで。途中で階段から落ちたり、飛び降りてみたり、階段の天井に頭をぶつけて血を流してみたり、本当に、ありえないくらい、いろんな事やっているんですが、全然OKが出なくて、いったいいつになったらOKになるんだろうって。3階に上がるのだって、毎回降りて登って降りて登って。それでも、相米さんは絶対に「こうしろ」とは言わないんです。リハーサルが永久に続く長い感じなんですよね。ホント、永久にずうっと。いつになったら本番になるのか、みたいな感じ。あのときの記憶というのは絶対忘れないもんなんだなと思います。

——教室で「お前、なんか最近変だぞ」と言われるシーンのやり取りも絶妙です。あの、窓に挟まれるシーンは脚本にないと思うのですが。

工藤　どうやってあそこにたどりついたかわからないんですけれど、わたしのアイデアだとは思います。何度もやっているうちにああなりました。相米さんって体当たりの感じの芝居がすごく好き。だんだんわかってくるんですよね、ちょっとずつ。「体当たり！　体当たり！」って思ってやっていました。理恵は、三上君の気を引きたいじゃないですか。こっちを見てほしいわけですよね。でも、彼は自分の世界にしか入らない人だから、三上君の気をどうやって引こうかと考えなければいけない。それで窓に挟まれてみた（笑）。「イー」「イー」というシーンも脚本にはありませんでした。理恵がいらいらしているんですよね。気を引きたいけど、うまく気を引けなくていらだってしまって、なんかわざと嫌なことをするという。男の子のスカートめくりじゃないけど、そういうたぐいの感覚でやっているんだと思うんです。これもやっていく中で、ぽっと出てきました。

――大西さんが窓を開けて背伸びを繰り返すシーンがあります（「台風クラブ　4K」予告編の冒頭）。電車に乗れなかった理恵が駅で同じような背伸びを繰り返しますが、あれはふたりが仲がいいとか、流行っていたという設定もありません。

工藤　覚えています。あれは、相米さんがこういうふうにしてって、演技をつけられましたね。私は、自分のところをしっかり読み込むほうなので、大西さんがどんなことをやっていたか記憶にあまりないんですけど、わたしは確かにやりました。

――相米さんが何かをやらせるというのは珍しいですね。理恵ひとりのシーンも脚本から広がっていますよね。

工藤　布団の中で「お母さん……」というシーンはとても難しかったです。自分としては何をしているのか子供すぎてよくわかっていない。あとあと見てみると、あれは、こういうことかってわかりました。そのときはお母さんのことを考えてさみしかったと演じていました。うちもすごく複雑な家庭だったので、そのときの気持ちで、「さみしい」という気持ちを表現してほしいということで、布団の中であいうシーンになりました。大人になって考えてみると、すごくそういうものを描きたかったんだなと想像はつくんです。でも、その時は、そういうシーンになったということがわかって、事務所の人が東京から飛んできてくれて、制作側とすごくもめたんですよ。当時はアイドルだったし、あの時のことも、今でも鮮明に覚えています、あの夏のことって。

――理恵が「SWEET MEMORIES」を口ずさむシーンがありますが、あれは相米さんに言われたのですか。

工藤　記憶が全く飛んでいますね。覚えていないんですよ。何かの流れで歌うことになったんだと思います。（松田）聖子さんは好きでした。自分の好きな歌を歌ったのかもしれないです。たぶん、その当時その世代で生きている人、等身大でそのままにいられるようにという感じで、本物が出るまで時間をかけて撮るというような手法だったと思うんです。その当時のその子たちの流行の曲とかを反映することが、そのために重要だったんじゃないでしょうか。流れで出てきたものをそのまま採用するような。「もしも明日が…」は相米さんが好きだったんじゃないかなあと思います。

――理恵だけが学校から離れて、東京へと行きます。

工藤　東京のシーンがいちばん最後でした。長野での撮影は終わっていました。小林（尾美としのり）の家に行くシーン。全部、長回しなんですよ。1日半くらいリハーサルして。タクシーを降りて、階段を上がって、アパートに入って、アパートの中の芝居を全部して、トイレで着替えて、出てきて、そのシーンも全部撮って、「やっぱり帰ります」まで長回しワンシーンワンカット。撮影の伊藤（昭裕）さんが外のクレーンで撮っていて、アパートの窓でもう一台中にカメラがあって、そこで乗り換えているんですよね。中を撮ってまた外に乗り換えて、外に走っていくところを撮っている。すさまじい長回しなんです。

——脚本だと、理恵が小林のところに戻るシーンがあります。このシーンは撮られたんですか。

工藤　撮らなかったと思います。戻らなかった。なので、幻のシーンは存在しません。

——そして、東京をさすらう。

工藤　へんなシーンとか出てくるじゃないですか。オカリナのシーンはなんなんだろうと思いました。あのふたりが出てきたときはびっくり。理恵が見えてる、理恵だけしか見えないものじゃないですか。たぶん行ったり来たり、行ったり来たりしている気持ちを、表してるのかなと思いましたが、面食らいましたね。わたしはどう絡めばいいんだろうかと。

——そして、理恵が「もしも明日が…」を歌う名シーンが来る。

工藤　クランクアップの警察官の人形が立っているシーンですね。設定だけ与えられて自分の好きなようにやってみろと言われて。転ぶ設定も自分で考えて、そこで一発ＯＫにしようと思って、すごい気合入っていたので思いっきり、派手に転んだら、撮影の伊藤さんがカメラワークが違うということでＮＧ・リテイクになったんですよ。わたし、痛いし、血だらけだし、それで泣いてしまったんですけど、相米さんが下駄で走ってきたんです。そのときに、わたしをぎゅうって抱きしめてぶんぶん振り回して「泣くな！　泣くな！」って。もう1回がんばれみたいな感じで。2回目をやってＯＫがでたんですけど。そのときにはじめて「この人は、本当は優しい人なのではなかろうか」って思ったんです。すごく嬉しかったんですよね。そのあと、相米さんとクランクアップの合同写真を撮るときに「膝に座れ」って言われて、相米さんの膝に座って写真を撮ったんです。ずっとついていた相米組のメイクさんが「相米さん、いっぱい映画撮ってるけど、膝の上に座ったのは2人だけだよ」って言われたんです。それが、すごく嬉しかったのを覚えています。

——では、明と歩くラストシーンはその前に撮っていたんですね。

工藤 脚本を読んだら、学校見て「金閣寺みたい」って言うんですけど、あのシーンが全然理解できなかった。当時、「ガラスの仮面」が流行っていました。アニメじゃなくて漫画のほう。「ガラスの仮面」が好きですごく読んでいたので、漫画の主人公のように「体当たりだ！」みたいに思って。3日だか4日、休みだったので、目のところにアイマスクをつけて、一切、外の世界を見なかったんです。外を歩いてどぶに落ちたり。3日間はアイマスクを外さないと決めていたので、目が全く見えない状態。理恵は、自分の中で何もかもすべてのものが真っ暗な状態で今まで行きたくなかった学校や当たり前の日常の世界が急に輝いて見えたのかなということを想像しようと思ったんです。自分が何も見えない真っ暗な状態から外を見たらどんなふうに見えるのか。自分の中では何が見えるんだろうと思ったんですよ。ご飯を食べるときもアイマスクして、トイレ行くときもずうっとアイマスクしたままで。そのシーンの日にはじめてはずしたんですけど、そうしたら校庭のところに水が溜まったいるのを前景とした学校を見たときに、本当に凄くキラキラしていて美しく見えたんです。金閣寺に理恵は行ったことがないと思うんですよ。金閣寺ってピカピカしてきれいじゃないですか。だから「金閣寺みたい」というセリフが出たのかなって。あのときに自分の皮が一枚むけたような感覚でなんかある意味自分が冒険を終えて、満足して帰ってきて、今まで曇って見えていた日常が急に晴れやかになったような、違う世界が見えたような。すごい、世界ってきれい。そういう気持ちが湧き上がってきました。

――その後、ジム・ジャームッシュ監督の「ミステリー・トレイン」に出演されます。

工藤　ジャームッシュは「逆噴射家族」がとても好きだったんです。「台風クラブ」も観ていて。当時、ジャームッシュが好きな女優さんがいて、その女優さんのために書いていたら、彼女が出られなくて、撮らないつもりでいたんですけど、「逆噴射家族」を観たときに、わたしに感じたエネルギーが彼女にすごく似ていたらしいんですよ。それで、私にやってほしいという話をいただいて、オーディションにいきました。「台風クラブ」を撮って14歳くらいの時には、アイドルでいることが苦痛すぎて、歌が売れなかったり、当時の自分っていま考えるとすごく、何者かになりたかったんですよね。ものすごくコンプレックスがあって誰かに認められるしか自分の価値を見出せないような。なにか誰かに評価されることではじめて、自分が生きている喜びを感じるみたいな。ものすごくそういうものに対する渇望がすごかったんです。アイドルでうまくいくと思われたのが、うまくいかない。すごくよくしてくれた大人の人達がわたしから、どんどん離れていく。そういう虚しさを感じて、ジレンマで、自分の精神が荒れてた時期だったんです。そのときによくドラマでご一緒する監督がこれからの時代はアメリカをめざしてもいいのではないか。アメリカは周りの人達の力ではなく、オーディションでの実力で決まっていく世界だと。役に対するオーディションで自分の力で決まるからと。すごく感動しました。それで、アメリカを目指そうとなって、コツコツひとりで英語を勉強しました。わたしは絶対アメリカの映画に出るんだ、と14歳の時に決めたんです。

――「リミッツ・オブ・コントロール」でもジャームッシュと仕事をしました。

工藤　愛があるんですよ。連絡が来て。次の映画に出ないかって。それ以降も日本の別作品のプロモーションでニューヨークへ行った際にも会いました。再会して、久しぶりに沢山の話ができました。

――「台風クラブ」や海外の映画を経験して、自分はどんな女優だと感じていますか。

工藤　考えてみたら、同じことができない女優なんです。ある意味すごくノープランというか。技術的に演じられる俳優さんはなんども繰り返し同じことができるじゃないですか。わたしは覚えていても、現場に行かないとセリフが入らないタイプなんです。暗記して現場行くとぜんぶ飛んじゃって。台本みて、人とセリフを合わせないとセリフが入ってこない人。現場でのインプロビゼーションとかアドリブは得意。それはもしかすると相米さんから来ているかもしれない。あの当時に叩き込まれた何かがある。「決まった芝居をするな」って相米さんはよく言っていました。そういう芝居が大嫌いだったんです。いつも「本物であれ」ということで「小芝居するな」が口癖のような方だったんですけど、そのイメージが強く自分の中にあるのかと思います。同じセリフ回し、同じ芝居をするのが嫌いだし苦手なんですよ、追い込んだら花火のようにバーンとあがるんですけど、感情があがるまで時間がかかる、そういうスタイルなのかなと。相米さんは「一言一句間違うな」とは絶対言わないし、そのときの気持ちで例えばめちゃくちゃになってしまったとしても、それを面白いと感じてくれるタイプだったし、そのほうが褒められるような感じのところがあった。自分がこう言うんだろうと事前に思って言ってみても、OKもらったことって一度もないんですよね。フィルムっていいなと思う。シーンに対する臨み方が違うから。本番前のあのピリピリ感というか、みんなが神経をすり減らしてピリピリになって、絶対これ1回で終わらせようという集中力。あの一体感、あの感覚というのは、やっぱりあの時代に生きててよかったって思います。すごくラッキーでした。画面に実像としては映らないエネルギーがきっと独特な映画の良さ。相米さんを経験したので、何をやっていてもすごく楽だとは感じています。どんなのをやっても一生涯であれだけきつい撮影ってもうないから。本当にないので。どんな現場でも、きついという感覚がその後、今日までずっとなかった。それが私の本当の宝物のひとつなのかもしれません。

――相米さんが2001年に亡くなりました。どのように知られたのですか。

工藤　人づてに聞きました。相米さんて面白い人だったんだなって思いますよね。ああいう人って、もう出てこないんじゃないかなと思います。ある意味、変態じゃないと変態の映画って撮れないんじゃないかなと。いまはいまで面白い作品はたくさんあるけれど、でも、なかなかああいうスタンスで映画を作れなくなりましたよね。人を追い込めないから。今の時代は、スポーツであってもコンプライアンス的にダメですしね。わたしは昔そういうふうな日本映画界が日本映画らしいときに経験させてもらったのはすごくラッキーだったなって思いました。もう一度、相米さんと映画を撮りたいというのは夢だったんですよね。だから叶わなくなったのがショックでした。もし、相米さんともう一度仕事ができたらどんな役で使ってくれたんだろうとは思いましたね。すごく考えた。いまだったらどんなふうに言ってくれるんだろうとか。すごく逢いたかったし、もう一度大人になって逢いたかった。いちばん逢いたかった人かもしれないです。

工藤夕貴◎1971年、東京生まれ。映画「逆噴射家族」（84）にて横浜映画祭最優秀新人賞受賞。「戦争と青春」（91）では日本アカデミー賞優秀主演女優賞を受賞。ほか出演の海外映画に「ミステリー・トレイン」（89）、「ヒマラヤ杉に降る雪」（99）に主演。「SAYURI」（05）などに出演した。2021年のドラマ「山女日記3」、2023年のドラマ「ケーキの切れない非行少年たち」などに出演。

黒沢清

構成　相田冬二

相米さんの中では最も狂気の部分が
全面に出ている感じがしました

――黒沢さんは、相米慎二の助監督経験があり、また、共に「ディレクターズ・カンパニー」に参画した間柄でもあります。

黒沢清　個人的にもよく知っていましたから、客観的に語ることはなかなか難しいんですけど。80年代という往年の巨匠以外は作家とは認められなかった時代――（キャリアとしては）90年代も含みますけど――には珍しい、際立って個性的な監督だっただろうとは思います。ただ、そんな人がそれまでいなかったかと言えば――あのような作風でそのまま撮るような人は思いつかないんですけど――かつての撮影所という、良くも悪くも守られた環境の中で独自の個性を貫く人って、いなくはなかったんですよね。たとえば鈴木清順さんとか、あるいは田中登さんとか。ある種のプログラムピクチャー、と言っていいかどうかわからないですけど、ジャンルがはっきりした企画の中で、やりたい放題やる。たぶんそれは、作家ではないんですね。相米さんに較べれば、同時代の森田芳光さんとか伊丹十三さんとかの方がよほど作家です。相米さんは取材で何を訊いても「脚本に書いてあったから。俺、知らない」とか言う人ですからね（笑）。

――はい。確かにインタビューした時、そんな感じでした（笑）。

黒沢　「（プロデューサーに）やれ、と言われたから」とか。もちろん、それは嘘ではない。露骨な本音であって。それを言っちゃあいけないよ、という（笑）。

――（爆笑）

黒沢　実際、ある種の安定した企画の中で「俺にこれをやれと言うのだから、やりたいようにやるよ」という傍若無人なやり方でやれた最後の世代。もう80年代以降、そういう人はほとんどいなくなっていましたが、60年代から70年代にかけて撮影所末期のアナーキーな感じを最後まで引き摺っていた方かなとは思います。

――確かに作家ではないのかもしれないですね。

黒沢　何をもって作家と言うのかわからないですけど、作家ってどこか〝自分〟というものを一つの核として、そこから創作の可能性を広げていくのだろうとは思います。自分の中から出てくるもの。たとえば「台風クラブ」が、相米さんがかつて経験した60年代の故郷の岩手か北海道を舞台にした少年たちの話だったりすると自伝的なものになりますが、全くそうじゃない。自分の中からは何も出てきていない。やはり「脚本に書いてあった」なんです（笑）。一貫してそうですね、他の映画も。「台風クラブ」が最も極端なんだろうけど。そこに、相米さん本人の何かは何もない。あのような幼少期を過ごしたということはたぶんない。晩年の作品に至るまで全作品、本人の影のようなものはどこを探してもない。にも関わらず、他に類を見ない独特の何かを獲得してしまっている。あまり世界でも思いつかないですよね。ああいうことをやろうとする人は大抵、どこか作家的なものを嫌でも根拠にしないとやりようがないのに、相米さんは全くそうではないんですね。

――自己みたいなものを投影している感じはしないですね。

黒沢　どこにもないですよね。

――その意味でも特異かもしれない。

黒沢　かなり特異だと思います。「台風クラブ」はとりわけ特異で。それ以外のものは全部ではないですけど、原作ものであるとか、アイドル映画であるとか、ある種のジャンルがもう少しどこかに見受けられる。訳が分からないと言われながらも、「ションベン・ライダー」なんかは、一種の冒険青春もの。藤竜也さん(の存在)が、ギリギリ、ジャンル性に接続してくれているのに対して、「台風クラブ」の三浦友和さんは途中から、ほぼ無視されます。目立つんですけど、ほぼ物語には関係ない。

――全く関係ないですね(笑)。面白い存在ですけど。

黒沢　工藤夕貴さんの行動は若干、ひと夏の経験的な青春映画の軌跡を描いていなくはない。でも印象に残るのは、何映画ともつかない異様な光景ですよね。商業映画の枠の中では、あんまり見たことのないもの。今回「台風クラブ」を見直して、なんだ、これはと。いやいや、(これまでも)凄いとは思ってたんですけど、何とも分類できない類の映画だと強く感じましたね。

――これは、ディレクターズ・カンパニーの公募シナリオでした。黒沢さんもお読みになっていた?

黒沢　ええ。よく憶えています。候補作品の中で――脚本そのものの細かいところは全く忘れたんですけど――ダントツに面白かった。たぶん「僕、撮りたい」と言ったと思います。

――そうなんですね! 黒沢さんも手を挙げていた!!

黒沢　まあ、僕がどこまで本気だったのか、わかりませんが。撮るんだったら、これが一番面白い。そう思った記憶があります。で、相米さんも面白い、と言っていたんです。ただ僕もどう撮っていいのか、どう企画を成立させていいのか、皆目分からなかった。すると相米さんがひょいと。実現までの経緯はわかりませんが、相米さんが撮ることになったのだと、ある時、知らされました。

――当時の黒沢さんにとって、どこが脚本の面白さでしたか。

黒沢　あの映画の最大の魅力である、台風が来て、中学生たちが事実上、閉じ込められている学校で乱痴気騒ぎをするというアイデアです。（自分が）どう撮るかはわかりませんが、これは映画っぽくなるなと。窓の外が暴風雨になっていくという設定は、やはりとても魅力的で。それと、主人公が非常に潔く、最後、死ぬ。これが小気味良かった。ヘンな言い方かもしれませんが。主人公と思しき男子中学生はウジウジしていたのに、最後は、死ぬぞ、と言って、思いっきり死ぬ。え？　死んじゃうんだ、それは潔いなと。

――まさに「潔い」という表現がピッタリくる最期でした。

黒沢　そこに持って行くんだ。強引ではあっても、映画の結末としてよいなと思いました。途中、みんなの馬鹿騒ぎぶり――脚本では、あそこまでのことにはなっていなかったような気がするんです。あれこそが相米さんの強烈な個性なんでしょうけど。あんなに歌ったり、踊ったり、飛び跳ねたりは、脚本に書かれていなかった気がします。

――今回、観直してみて、印象は変わりましたか。

黒沢　やはり、4Kリマスターは凄いですね。昔観た映像とは全然違います。昔のフィルムヴァージョンは、モノトーンじゃないか？　というくらい。昼間は自然光、夜の学校の中は蛍光灯で撮影しているので、ほとんど全編、緑がかったモノトーンの印象。それも含めて異様な雰囲気だった。今回はちゃんとクリアに、制服の色や人間の肌色が全部出ています。これは青春映画だなとも思わせられます。昔はロングショットになると、もう男女の区別もつかないくらい、ぼんやりと薄緑色に沈み込んでいました。

――溶け込んでいましたね。人物と背景が。

黒沢　それが今回すごくクリアで驚きました。そして、思った以上に大胆なことをやっていた。当時の相米さんが貫いていた傍若無人なスタイルが発揮されていて、目を見張ります。丁寧に追っていけば話らしきものもわかるのでしょうけど、他のものに目を奪われ、話を追うことを放棄してしまいますよね。親に相当する人が出てこない。工藤夕貴が団地に住んでいる描写はちゃんとある。しかし家族内でのドラマはない。

――生徒の親は出てきませんね。

黒沢　これは相米さんのやり口ではあると思います。極端なんですよね。どうでもよくなっていく――恐しいパワーがある。無茶苦茶です。でも、実は説明的なシーンを撮ったものの、編集でカットした可能性はある。「セーラー服と機関銃」には（助監督として）関わっていますし、「ションベン・ライダー」と「翔んだカップル」はまだ完成していない3時間ほどのヴァージョンを「ちょっと観てくれ」と言われ観ています。それは凄まじいものでした。分かり易く例えるとアンゲロプロスとエドワード・ヤンのミックスです。しかし、それを半分くらいの長さにしないといけない。でも、説明が必要なところを残した、物語は明快に繋がっているヴァージョンって面白くないんですよ。当然ながら、凄い！　というカットはどんどん無くなっていく。途中で編集方針変えて、凄い！　というところだけ繋いでいく。でも、ここだけは説明を残しておこうか、というシーンが一瞬出てきたり、無茶苦茶なバランス。「ションベン・ライダー」がそうでしたね。一瞬、説明が入ることで余計分からなくなる。そんな大混乱の中、最後の100分バージョンとしてああいう形の映画になるんです。「台風クラブ」は最初の編集ラッシュは観られていないので分からないですけど、「ションベン・ライダー」ほど凄まじくはなかったかもしれないですね。でも、物語上は重要だと思われるカットをかなり落としていると思います。それを分かっててやるんだから、確信犯。しかし、今思えば、東宝のアイドル映画なら（大幅にカットするのも）しょうがないかもしれないですけど、「台風クラブ」は3時間ヴァージョンがあっても良かったかもしれません。もちろん当時はそのような作家性は許されなかったわけですが。

――物語上必要な部分があったり、なかったりすることが、相米映画特有のうねりに繋がっているような気もします。

黒沢　結果、そうだと思います。脚本は自分で書かず、他の人が書いたものを撮るという前提がある。自分の中から出てきた物語ではないので、どこかぞんざいにもなるし、大切にもしようとするんですね。僕自身そうなんですが、自分で脚本を書いている場合、撮りながら（内容を）変えていける。むしろ、変えたくなる。その物語をどうしたっていい。変換させて、別な物語として作り直すこともできる。他人が書いた脚本の場合は、いくら無茶苦茶なやり方で撮影したとしても、別な物語をそこから作り出そうとはしない。相米さんの映画には、脚本から解体されたものの断片が残っている。そして、そのことを「脚本にあるんだから」という言い方をする。つまり、オリジナルに目配せはある。しかし、出来上がったものは脚本とは全然違う。これは自分で脚本を書く人間にはできない再構築。世界には色々な作家がいますが、こういう映画はないですね。独特の再構築だと思います。

――自伝ではないからこそ、出鱈目にもなるし、誠実にもなると。

黒沢　しかも、それが1本、2本ではないですからね。ここまで続けていたら、それはもう個性ではなくて作家性かもしれません。

――当時、5本目の長編映画でした。

黒沢　世代的なものもあるだろうし、相米さん独特のキャラクターもあるでしょうね。側で見ていて勿体無いなとは思いました。無理矢理、3時間版を公開してしまえばいいじゃないかと。同じ撮る人間としては忸怩たる想いがあります。別な物語を編み出すことだって出来たのに。僕がもどかしげに「なんであの凄かったカット、全部切っちゃったんですか?」とブツブツ言ってるのを、相米さんは楽しそうに見ていました（笑）。

――相米さんは黒沢さんに脚本の相談をされていたそうですね。

黒沢　僕だけではなかったと思いますが、当時、僕も真面目に対処していました。ここはこうしたら面白くなるんじゃないですか?　と。そうか、そうかと、聴いてはくれるんですが、一つも採用はしなかった（笑）。「お前が凄いと言うから、あのカットは切った」とか、そういうことを言うキャラクターなんですよ（笑）。あんな奇妙な映画を撮っていながら作家ではないし、作家として海外に紹介されることもほぼなかった。海外の映画祭で絶賛されて、自分では全然気づかぬ間に作家に祭り上げられるということもなかったし、本人も拒否しているところがあった。僕からすれば、もう作家なんだから、もっと作家的な作品にすればいいのにと思うのですが、「このカットがないとマズいだろ、やっぱり」とか言う。あんな映画を撮っていて、よく言うなと（笑）。「物語上、これは必要なんだよ」と突然言ってくる。そんな作り方も、あの当時だから許された。いや、相米さんだから許された。そんな気がしますね。

――評価に対しても拒絶していたのですかね。

黒沢　はい。態度としては拒絶に近いものでしたね。ただ、本心はそうでもないんじゃないかと僕は思っています。相米さんが講演か何かで語ったことを記録したものを読んだことがあるのですが、意外にちゃんと考えていたんだなと。たとえば、めちゃくちゃ長くワンカットを回す訳ですが、確信を持ってやっているようで、どうなるか一か八かでやったら非常に高評価であった。それで、これでいいんだと思ったと。（その高評価が）あのやり方を支えていたように思います。つまり、一部の批評が相米慎二を確信犯にさせた。とはいえ、自分が作家であることは拒否していた。この映画はこういう意図で撮ったとか、自分の個性みたいなものを取材で語ることはほぼしなかった。

――自作の解説のようなことは、ほぼされない方でしたね。

黒沢　僕はそれを反面教師にしました。「台風クラブ」は東京国際映画祭でヤングシネマ大賞を獲った。国際映画祭ですから海外のジャーナリストも多数取材に来た。そこにいた人の話を聞くと、酷い状況だったようです。何もちゃんとは答えない。「脚本に書いてあったから」という言葉は、日本人が日本語のまま聞くと、どこか無頼なキャラクターとして認められる。しかし、通訳を介して、海外の人に伝えると、完全に質問を拒否していると受け取られる。それを海外のジャーナリストは非常に嫌がった。総スカンを食らった感があった。取材を馬鹿にしていると。通訳を介すると、そうなります。これをきっかけに「台風クラブ」が海外の映画祭にどんどん出ていけたかもしれないのに、その道を自分で閉じてしまった。あの頃、海外の映画祭に打って出るぞ、みたいな発想は（日本映画界に）ほとんどありませんでしたが、これは残念でした。だから僕は、海外で取材を受ける時も、日本で受ける時も、ちゃんと答えるようにしています。「脚本に書いてあった」としても、「それをそのままやっただけ」にしても、「こういう意味がある」「こういう想いを込めて撮った」と言っておいた方がいいなと。頑張ってちゃんと取材を受けよう。そんな反面教師にはなりました。

——相米さんのああした態度も、日本国内では伝説化していましたね。相米さんだから仕方がないと。

黒沢　ただ、相米さんは幸せだったと思います。デビュー作から、あのスタイルだった。本人にとっては出来不出来があるのかもしれませんが、こんなに無茶苦茶なやり方で撮ってるのに、大失敗ってないんですよ。

——その通りだと思います。

黒沢　普通、干されるでしょう。

――相米さんが撮れなくなったことはないですね。

黒沢　必ず、相米とやりたい、という人が出てくる。それは本人が持っているキャラクターによるところでしょうね。もちろん「セーラー服と機関銃」がヒットしていることも関係しているでしょう。しかし、ヒットしたのはあれだけです。とても幸運にデビューし、順調なキャリアを、最後まで貫けた。苦節のある僕からすれば、そう思います。僕はなんとか青息吐息で、どうにかやってこれた。そこは相米さんとはだいぶ違うところです。あんな風な幸運なフィルモグラフィーを築けた人はそう多くはないと思います。

――決して本数は多くはありませんが、コンスタントにあのスタイルで、映画を作り続けました。そんなキャリアの中で、「台風クラブ」はどんな作品になりますか。

黒沢　「光る女」と並んで、商業的な制約やジャンル的な縛りがいちばん緩い作品なんだろうと思います。

――確かに、原作や出演者などの縛りもなかった。

黒沢　しかも当重要人物たちがほぼ子供ですから、いちばん相米慎二らしい、と言えば、らしいのかもしれません。ジャンルとか企画の縛りが薄い分、剥き出しの相米慎二、剥き出しの何かが、ゴロンゴロンと転がっていて。ちょっと気味の悪い映画でもありました。その分、凄まじいんですけど。何のために、この映画は作られたの……？　というところがある。他のものは「ションベン・ライダー」にしても、異様ではあるんですけど、別の何かにかろうじて支えられている。「光る女」でさえもう少し安定した何かに寄り添っている。「台風クラブ」はあえて言いますが、相米さんの中では最も狂気の部分が全面に出ている感じがしました。主人公が最後、死ぬ。自殺する。自殺する主人公を物語の主軸に撮っていたのかもしれません。自殺する人間の凄まじさ、混乱、狂気。映画には、それだけではなく、色々なものが入っていますが、台風を含めた全てが、実は自殺する人間の背景として貫かれていたのかもしれません。ここまでネガティヴでダークな結末に向かっていくものってなかったのかなって。

――「夏の庭 The Friends」の結末は衰弱死に近いですし、死後の物語である「東京上空いらっしゃいませ」は事故死でした。どちらの映画も暗くはありません。

黒沢　「台風クラブ」は、確信的に悲惨な結末に向かって進んでいく。他の相米作品とは違う悲劇性――陰鬱な様相を垣間見せています。もちろん、雨や夜も大きい。少年少女が歌ったり、踊ったり、乱痴気騒ぎする描写は相米映画によくありますが、いつもとは様子が違う印象があります。見てはいけないものを見てしまったような……。「ションベン・ライダー」にあったような突き抜けた爽快感とはかなり違う種類の映画になっています。

――やや不穏なムードがあります。

黒沢　もちろん相米さんなら「脚本に書かれてあるから」と言うと思いますが（笑）。でも、その脚本を自分でやりたいと言ったわけですから。プロデューサーに、やれと言われたのではなく。その意味でも、〝相米慎二〟が僅かに垣間見える。作家としての何かがこの映画には見ることができるのかもしれません。

――考えてみると「剥き出しの狂気」というイメージのない監督です。

黒沢　そうですね。物語性、ジャンル性、企画性は、いたって爽やかな青春もの、冒険ものですからね。まあ、「雪の断章―情熱―」などは相当なことをやっているので、一概には言えませんが。「台風クラブ」は青春映画であっても、青春のようなものをテーマにする必要がない。脚本家も新人ですし、相当な自由な中でやっていたことは間違いないと思います。

――その感覚は全編に漂っていますか。

黒沢　ええ。冒頭のプールの場面は危ない。たとえば殺意のようなもの、切羽詰まった何かがあります。内に秘めた狂気とでも言うのでしょうか。学校が舞台ですが、少年少女たちがとてつもなく抑圧されている、という訳ではない。画面に漂っている危うさに、原因はない。貧困とかイジメとか苦悩とか具体的に描写されてはいない。外部には、台風以外には何もない。ただ、自分たちの内面が、破壊や破綻を迎えつつある。相米さんの映画の中ではやはり特異なのではないかと思います。ここにもし何か当時の日本が抱えていた社会性のようなものが漂っていたら、間違いなくあの時代を象徴する作品になったでしょう。エドワード・ヤンやホウ・シャオシェンが出てきた時代。同じようにアジアから出てきた凄い作家に、相米慎二はなり得た。しかし、その道を選ばなかった。

――もし「台風クラブ　完璧版」があるとして公開されていたら、エドワード・ヤンの「クーリンチェ少年殺人事件」のように世界中で語られていたかもしれませんね。それにしても、黒沢さんが序盤におっしゃった「やり口」という言葉はとてもしっくりきます。

黒沢　どうして、ああいうやり口を覚えたのか。デビュー作から、ほぼそうでしたからね。極めて大掛かりなある種のスペクタクル。演技を引き出すための長回しではなく、明らかにスペクタクルとしての長回しを全シーンに亘って行使する。つまり（テオ・）アンゲロプロスやエドワード・ヤンです。ワンカットの中で大量のものを見せるのだと。それが評論家にもウケた。それが相米さんを支えた。映っている人間を追うところから始まりつつも、映っている人間どころではなくなる。その人物を超えて、そこで起こっているメカニズムになる。これが進むと社会性や歴史性になるんですが、そこには絶対踏み込まない。ただ、今回で言えば台風の到来のような、人間を超えた何かが押し寄せてくるスペクタクルになる。相米さんは明らかにそれを狙っていた。では、それは何？ 根本的なクエスチョンを撮りたくて、映画を撮っていた。それが何かを知りたいから、映画に興味があったのだと思います。本当は何がやりたかったのか。それはわからない。撮影所システムがなくなって混乱した状況下、その混乱を象徴する人ではあった。混乱を見事に逆手にとった。そうして大混乱の映画を平気で撮り続けた。羨ましいですよ。

黒沢清◎1955年兵庫県生まれ。大学時代から8ミリ映画を撮り始め、「スウィートホーム」（89）で初めて一般商業映画を手掛ける。その後「CURE キュア」（97）で世界的な注目を集めた。「トウキョウソナタ」（08）では、第61回カンヌ国際映画祭ある視点部門審査員賞を受賞。「スパイの妻」（20）で、第77回ヴェネチア国際映画祭コンペティション部門に選出された。最新作として「蛇の道」のリメイク、「チャイム」の製作が進んでいる。

二ノ宮隆太郎

構成　賀来タクト

この1885年の映画には「確定」がない

——最初に「台風クラブ」をご覧になったのはいつ頃のことでしょうか。

二ノ宮隆太郎　中学生くらいだったと思います。「台風クラブ」が劇場で公開されたのは、自分が生まれる1年前なんです。自分は90年代後半から映画を見始めていて、当時は相米監督のこともよく知りませんでした。ビデオテープ（VHS）で観たのが最初だと思います。「台風クラブ」は相米監督作品の初めて観た映画でした。

——そのVHSテープはレンタル店で借りられたものだったのでしょうか。

二ノ宮　自分は小学校に入った頃に母親を亡くしていまして、小学校の最後の頃〜中学生になる頃に継母が家に来たんです。そのとき（継母が家に持ち込んだ）ダンボールにビデオテープがいっぱい入っていました。ケーブルテレビで録画したものばかりだったと思うんですけど、その中に「台風クラブ」もあったから観たのかなと思います。

——ご覧になってみて、いかがでしたか。

二ノ宮　正直、当時の自分にはわからないことが多かったです。ただ、何処か惹かれてはいたので何回も見直した記憶はあります。

——なぜ何度も見直されたのでしょう。

二ノ宮　惹かれるのに自分ではその理由を理解できなかったというのが大きかったかもしれません。うまく言えないんですけど、ほかの監督の映画とは違う何かがそこにはあったからだと思います。

——中学生で相米作品にふれる難しさと醍醐味ですね。

二ノ宮　あの頃は単純に「ここがいい、ここがよくない」という感じでいろんな映画を観ていたと思います。最初に「台風クラブ」を観たときも、作品という意味では漠然と「現実的ではない」という受け止め方をしていました。登場人物も「行動や言葉づかいが幼稚だな。幼稚な人間ばかり出てくるな」みたいに片づけていました。でも、今回、10数年ぶりに見直したら、「あ、これは〝普通〟だったんだな」と感じました。時代が変わってもそこはあまり変わらない。自分も学生時代、登場人物（映画の中の中学生たち）と近いところがありました。そういう「普通」を。この映画が今の時代までちゃんと残っている理由の一つなのかなとも感じました。40年経っても今の物語として見られる。決して幼稚ではありませんでした。

――「普通」に見えたということは、つまり「リアル」だったということですね？

二ノ宮　はい。今回、見直してみて、今まででいちばん「台風クラブ」に釘付けになりました。それは、自分が歳を取ったことや、脚本を書いて監督をした経験からとも思いました。昔、わからなかったことが違う感覚で見えてきて嬉しかったです。

――二ノ宮さんの監督作品でも「リアル」ということは重要な要素です。相米監督とは表現の手段、演出家としての感性は異なりますが、「人間をどうホンモノにするか」という点では共通しています。

二ノ宮　ありがとうございます。もしそうでしたら嬉しいです。今まで「現実的ではない」と簡単に片づけていた自分が恥ずかしいです。

――相米監督の映画は「長回し撮影」が有名です。二ノ宮さんもご自身の作品で多用されていますね。

二ノ宮　自分は現実的だからという理由だけでの長回しが良いとは考えてないです。その〈長回しという撮影方法が必要になる〉ための脚本であるべきという考えがあります。なぜ空間を切らないか。そこも、今回「台風クラブ」を見直して感じた部分ではありまして、本当に緊張感があるシーンだらけで惹きつけられました。相米監督の長回しは「長回しのための脚本」というのもあったのかなとも感じました。相米監督の映像演出はすごいなと感じました。

――相米監督は長回しを方便でやっていたわけではない。そもそも脚本と不離一体の手法だった。それが今回「台風クラブ」から初めて伝わってきた。二ノ宮作品も脚本と撮影方法が乖離していません。「逃げきれた夢」では長回しの手法も残しつつ、カットも割られています。それも脚本のニーズに従った格好ということですね？

二ノ宮　はい。以前、長回しをすると、「相米監督の影響？」と言われることがありました。自分では今まであまり、わからなかったんですけど、今回、10数年ぶりに「台風クラブ」を見直すことで「やっぱり、どこかで影響を受けていたんだな」と感じました。長回しをする、空間を切らない世界で表現することはどういうことなのかを考え続けたいと思いました。

――「台風クラブ」はオリジナル脚本を改変することなく撮影を行った点でも相米作品の中で異色です。

二ノ宮　常に危うい物語だと感じました。三上恭一くん（三上祐一）が教室で机を組んで窓から飛び降りようとするところ以外のシーンはどれもギリギリのところで止まってて。そういう危うさがある。たとえば大町美智子（大西結花）が清水健（紅林茂）に襲われそうになるところとか、小林（尾美としのり）のところに高見理恵（工藤夕貴）が強引に泊まらせられそうになるところ、缶ビールを飲んでいた梅宮先生（三浦友和）が女の人（小林かおり）に足を絡ませて畳に倒すところも、その先の想像できるところまでは発展しない。どうでもいいシーンに見えて、でもどうでもいいわけはなく、三上くんが最後に話す「思想」もなぜああいうことになるのかはわからない。でも、それも今の時代に照らし合わせると、つながっているのかとも。脚本としては「説明的な部分と説明ではない部分」を表現している印象があります。昔観たときは感じなかったんですけど、今見ると「すごいな」と。一個一個のエピソードも、個々に切り取られているように見えて、それがつながってる印象もあって。そういうところも面白いなって思います。観ながら色々と「自分だったらどうしただろう」とも考えてしまいました。

――「わからないこと」の面白さが年を経たことで「わかってくる」快感もあったでしょう。

二ノ宮　親切か不親切かということでは、自分の中では不親切な映画でした。けど、今回見直したら、全然、そんなことはなかったんです。ご都合で描いていないところも含めて好きです。梅宮先生が台風の中、学校まで生徒を迎えに来ないでこの映画では「15年後はお前もこうなっているんだよ」となります。最後の三上くんの地面への刺さり方は滑稽に見えますけど、その滑稽さがまた今では現実的なのかもと感じられます。最後、三上くんがどうなっているのか。死んでいない説もあるそうですけど。今の時代、何かと「確定させる」ことがあふれていると感じてますが、この１９８５年公開の映画には「確定」がない。やっぱりすごいなと思います。

――二ノ宮さんの映画にも、「笑い」かと思ったら実はそうではない、みたいな表現がありますね。

二ノ宮　やっぱり、自分の中にもなんでもかんでも「確定させたくない」という気持ちはあります。その意味でも、相米監督の映画には影響を受けていたんだなって思います。「台風クラブ」以外の相米監督の映画も、これから見直すことでまた印象が変わっていく気がしています。

――「台風クラブ」を今見直すことで、自分自身も見直す機会にもなったというわけですね。

二ノ宮　「影響を受けていたのかもしれない」と感じた部分でいうと「物語をどう描くか」ということでしょうか。脚本の部分ですね。最後に三上くんがああいう行動に出て、理恵と山田明（松永敏行）が月曜日に登校してくる。そこに至るまでのエピソードのつなぎ方とバランスですね。押しつけがましくないのに、迫ってくるものがあって。最初に不親切だと感じたことも見直すと説明が果たされているし、ちゃんと伝えている。

――今の二ノ宮さんだからこそ響く部分なんでしょうね。つまり、映画を客観視することができた。

二ノ宮　そうだと思います。「台風クラブ」は日常で結構なことが起きている。それをサラッと見せている。そういう表現を目指すところはやっぱり影響を受けている気がします。

――どう現実感を出すか、という点においては、たとえば相米監督は経験の少ない少年少女たちを起用することでハプニング性を期待した節があるかもしれません。自分が思いもしないような「生身の意外性」をそこに求めた。だから、具体的な演技の指示を出さず、ただダメ出しを果てなく繰り返したのではないか。

二ノ宮　現場での演出という部分では、自分はあまり出演者の方にいきなり突飛なことをやってもらうようなタイプではないと思います。「台風クラブ」では美智子を襲おうとした健が教室の扉を蹴飛ばし続けます。そのうちに扉を蹴破る。あれはどうなんだろうと。そこまでは（脚本段階で）考えていないのかな。どうなんだろうなとワクワクしながら観ました。相米監督の現場での感覚ってどんなものだったんだろうと想像しました。

――相米作品に魅了されるあまり身動きが取れなくなって、自滅する映画監督も多かったでしょう。長回しをすれば何かが生まれるんじゃないかという期待と誤解の中で。二ノ宮さんはそのような手法的影響から免れている気がします。もっとスピリチュアルな部分に影響があったのではないかと思われます。

二ノ宮　相米監督はどういうお気持ちだったのかわかりませんけれど、自分の場合、長回しをしたかったわけではなく、カットを割りたくないという思いはありました。

――二ノ宮さんの映画には相米監督だけでなく、ロベール・ブレッソンのような無駄を省いた演出の美学あたりを連想してもいいのではないかと感じています。

二ノ宮　嬉しいです。ありがとうございます。自分が監督するしか作れない映画を追い求めてきたところはあります。自分が映画を作りたいと思った時、まず考えるのは「この映画をなぜ作るのか」ということ。映画として何を表現するのかというところから考えて、撮り方、キャラクター（の造型）はそれ次第で変わりますし、もっと言うとできる限り（物語に登場する人間を）

「キャラクター」にしたくないという思いもあります。人間をわかりやすくいい人にも悪い人にもしたくはないです。実際の人間って、そういうものという思いが自分にはあります。そういう意味でも「台風クラブ」に出てくる人間も、わかりやすく見せているけどわかりやすくない。そういう相米監督の人間の描き方にはすごく共感を覚えます。結局、人間って何を考えているのかわかりませんし、それが普通だと。「台風クラブ」はそういう人間の見方がちりばめられている映画だと思うんです。だから、好きなんです。相米監督の映画はもちろんどれもいい作品ばかりですけど、その中でも自分としては「台風クラブ」は印象深いです。見直したことで、あらためてそう思いました。今回、映画を見直す機会をいただけて本当によかったです。ありがとうございました。

二ノ宮隆太郎◎1986年生まれ。映画監督、脚本家、俳優として活動。2012年、初の監督長編作品「魅力の人間」が34回ぴあフィルムフェスティバルで準グランプリを受賞。長編第二作「枝葉のこと」が第70回ロカルノ国際映画祭の長編部門に選出。2019年、長編第三作「お嬢ちゃん」が公開。同年、2019フィルメックス新人監督賞グランプリを受賞。2023年、「逃げきれた夢」で商業映画デビュー。同作は第76回カンヌ国際映画祭でACID（インディペンデント映画普及協会賞）部門に選出上映される。

広瀬奈々子

構成　相田冬二

あのラストに至るまでの過程って、
すごく緻密に積み上げている

——かつて、小津安二郎、成瀬巳喜男、溝口健二、そして黒澤明らが海外の映画人にとっての日本映画でした。現在では、広瀬さんの師匠である是枝裕和や、北野武、黒沢清といった監督たちがそれと同じ大きな代名詞に当たります。実はその中間の年代の日本人監督がいない。相米慎二は、あくまでも日本国内だけで決定的な固有名詞となっています。映画を志す者なら一度は観ておかなきゃいけないよ的な。学生時代の広瀬さんにとってはどのような存在でしたか。

広瀬奈々子　もう、みんなファンなんで。やっぱり美大（武蔵野美術大学）なので、周りは神扱いしていました。熱烈なファンはたくさんいましたね。

——神扱いされていますね。

広瀬　その空気が苦手で。相米慎二の作品はもちろん通っているんですけど、ちょっと苦手意識があって。逆にひいてしまっていましたね。もちろん「台風クラブ」など代表的な作品は観ていましたが、観ていない作品もありました。やっぱり、みんな真似したがるじゃないですか。当時の美大生が自主映画を撮るとなると、相米風なことをしてしまう。そんな中、どう捉えるかは難しくて。ただ、今回、改めて見直すと、圧倒的に演出の力がある監督だなと。手法ばかり見てしまって、形から入ると痛い目に遭う。

——その部分が語られがちですよね。

広瀬　ワンシーン＝ワンカットみたいなことばかり聞こえてくるんですが、そうでないことを見つめている監督だなと。役者の身体を圧倒的に信じた監督なんじゃないかと思います。

——たとえば学生が「感染」してしまうのは何故だと思われますか。

広瀬　観ると真似したくなってしまうのは、カメラの力であり、見る目の確かさ。本当に役者が生き生きしているんですね。その生命力が素晴らしくて。言葉では語れないもの。特に「台風クラブ」は言葉では語れないものを語っている作品だと思います。人間のわからなさとか狂気を複雑なまま提示してくれる。非常に相米さんと親和性の高い脚本だったんじゃないかなと。

――複雑なまま、というところはありますね。まとめない、と言いますか。

広瀬　そうですね。あのラストに至るまでの過程って、ぶっ飛んでいるようでいて、すごく緻密に積み上げている。計算されていて、とても丁寧なんですよね。人の動かし方一個一個も。冒頭からとても強烈なんですけど。特に私がハッとしたのが、翌朝の金曜日、登校するシーン。あそこもワンカットですが、最後に2人がフッと上を見上げる。ああ、ここから始まっているんだなと。台風の予兆でもあり、未来への不確かさでもある。それがすごく感じられるんですよね。さり気ないところでちゃんと積んでいる。語り尽くせないくらい色々なものを今回再発見しました。

――おっしゃる通り、構造的にはしっかり積み重ねているのに、映画自体は理詰めにならない。まさに「複雑なまま」見せている。そのバランスが絶妙なのかなと。

広瀬　「お前なんか最近ヘンだよ」「そっちこそヘンよ」みたいなこと言い合ってるんですけど、それが何か、ということは語られていない。全く具体性がないまま進んでいってる不気味さ。

――あの台詞も予兆ですね。根拠や内実はなくて、登場人物たちが感じたこと＝フィーリングだけを口にしているように感じられます。

広瀬　その前に（工藤夕貴が）教室の窓に首を挟んでいるんですよね。その後は、机の上で寝っ転がったりしている。ああいうアクションで、すごく説得力を持たせてしまう相米マジック。台詞では語られていないものもたぶん、演出の力で見せていっている。その連続だと思います。どこまで脚本に書いてあることなのか。今度、脚本（本書に収録）を読むのが楽しみなんです。これは脚本にあるのかもしれませんが、（三上祐一が）野球のユニフォームを着て出ていくシーンがあるじゃないですか。なぜかユニフォームを着る。あれがいいなあと。おそらく中学3年生。受験もあって部活も引退していて。おそらく彼はキャプテンだったであろうキャラクターですよね。

――ほぼ説明はありませんが、まさにそんな雰囲気。

広瀬　でも、いまだにユニフォームを着ている。非常にジレンマを抱えている気がして。中途半端な時期であるということ。みんなそれぞれに、大人になりたいけど、なりたくない、という状況にあるのかなと。それがすごくありありと映されていると思います。

――冒頭、初登場シーンのユニフォームも象徴的ですね。

広瀬　まるで野球部のランニングのように、ぴったり息を揃えて走っている。なんだろう、と思ったら、プールに合流する。すごく色々なフラストレーションを抱えている。それはつぶさにわかりますよね。

――みんな自分のことは何も言わない。でも伝わるものがあります。

広瀬　あと、煙草を3人で吸うシーン。カメラが寄ってパンしていくんですけど、ああいうところも凄いですね。どうしても手法について話してしまいますが、カメラの意志と言いますか、あえてカットを割らずに、やり取りの空気を掴み取ろうとしている。あの感じが相米慎二さんだなと。

——カメラが明らかに動いているので、観察している感じではないですね。

広瀬　それぞれに煙草を吸うのではなく、煙草を吸って渡して、というやり取りを撮っているんですよね。ある種、悪いものを分け合うような。それがとても効いていて。ああいうことって、なかなかできないなって。その一方で、校舎の一部を蹴り破るシーンなどを、今、どう捉えるべきか。そこは考えさせられます。正直、手放しに賞賛すべきではないなとも思っていて。監督として。校舎を丸々借りるというのも今は難しいことですし、ラストシーンなんて明らかに校庭に大きな穴を掘っているし。理由を言わずにテイクを重ねるとか。贅沢と言えば贅沢。でも、やっちゃいけないことなんじゃないかと。相当タブーをやってますよね。なので伝説化しすぎることの怖さも同時に感じるんです。ただ憧れ、かっこいいと言いすぎることが、私は怖いなと。「台風クラブ」では子供たちを脱がせて踊らせてるわけで、やっちゃいけないことのオンパレードですよね。

——そこのブレーキは、広瀬さんが監督だからですか。

広瀬　そうですね。やっぱり監督って、権威を持つ立場なので、特に今のような時代にどうやって作品を作っていくか。何をもって演出とするか。そこは考えざるを得ない。当然のことながら、無邪気にああいうことをやろうとは思えないですよね。手法を真似るのではなく、どう相米さんのスピリット＝精神を見つめていくか。そこが難しいところだと思います。カメラが語ることを信じつつ、空気感や役者の身体をどう信じていくか。コントロールしているように見えて、編集でなんとかしようとはしていない。非常にフラットですよね。監督としての立場が。監督としては絶対的な人のような感じは受けますし、権利を振りかざしたい監督のようにも思えるんですけど、（役者と）非常に対等にも思える。子供たちに対して、何十テイクも撮るという逸話がありますけど、その中でどう考えさせるか。ただ（人物を）動かすということではなく、そこに向き合っていたんだろうなと。そういう精神を学んでいかないといけないなって。そこを抜きにして、表層的なカメラなどについて語ってしまうのはちょっと怖いなと思います。

――出演者の話を聴くと、相米さんは非常に自主性を重んじていたようです。自分で考えることを要求するし、突きつけてくる。これもまた抑圧ではある。かなり強固な「教育」がそこにはあった。しかし、画面ではみんな生き生きとしている。

広瀬　そういう意味でも、相米さんの映画は演出とは何か問い直させるところがあるのかもしれません。私は現場が近くなると、相米慎二を観たくなるんですよね。相米さんの演出に触れたいなと思うんです。実は今回も、たまたまそのタイミングでこのお話をいただきました。

――そのような時に観た相米慎二。どのような発見がありましたか。

広瀬　最初に観た時、三上は生きていると思ってたんですよね。死んでないのかなと。

――描写がファニーなので、死んでないように思いますよね。

広瀬　ちゃんと文脈を細かく見ていくと、死として描いているなと思いました。

――死に向かって「積んでいる」のだと思います。

広瀬　みんなが停滞している中で、三上だけが前に一生懸命進もうとしていて。三上が死ぬことでみんなが生きていく。その描き方は意図していることだし、あれは間違いなく、死だなと認識しましたね。ああいうことを平気で、わりと飄々と出来てしまうのも、相米さんの素敵なところですよね。結構リアル路線と思いきや、ちょっとあり得ないような描き方もしてしまう。

――人によって感じ方が違う作品です。

広瀬　わかんないですよね。ハッキリ言って、私も全てを理解してないですし、わからなくていい映画だと思って観ています。意味まみれにすることのつまらなさって、すごくあるので。そういう意味では余地を与えてくれるし、冷たいとも言えるけど、優しい。観客を信じてくれるという意味では優しい。

――ヘンなんですよね。バランスが。

広瀬　基本的に、すごく気持ち悪い映画だとは思います。

――スッキリはしない。

広瀬　そこがある意味、潔いというか。何回も観られる所以だなと思います。もしかしたら、監督自身わかってないところがあるかもしれないし、そうでいいんだ、というのは正直ありますよね。誰が主人公か、わかんないですよね。不安になるというか。

――いったい誰の話なのか、わかんないところはありますよね。

広瀬　それが通用してしまうのが凄いなと。キャラクターはそれぞれに際立っていますよね。それぞれの回想も入っている。だから、視点が定まらない。視点が定まらないので、最初、めちゃくちゃ見づらいんですよ。お手本になる脚本では正直、ない。真似できない。

――作品の中心となる「乗り物」がないから気持ち悪いんですかね。

広瀬　気持ち悪いですね。どの視点で見ていいかわからないですから。目線として、いちばん頼りになるのが三上だと思います。そこは意識して撮っているんじゃないかという気はします。

――いちばんブレない、頼りになる人が、最後に死んでしまう。。

広瀬　凄いなと思ったのが、飛び降りる前のシーンで、踊り狂った後、みんなが教室で寝て、ひとり、三上だけが起きてて、飛び降りるまでの時間の作り方。ワンシーンの中で時間が2回飛ぶってなかなかやらないし、しかも、ひとりしか出てこない。同じ空間の中で、ひとりしか出てこないんです。普通なら実景ショットを挟みたくなる。それをやらずに、あの空間の中だけで時間を飛ばすというのは、すごく特殊なやり方でありつつも、彼が自殺することへの不思議な説得力になっている。あの積み方は凄いなと。

広瀬奈々子◎1987年神奈川県生まれ。武蔵野美術大学卒業。2011年より分福に所属。是枝裕和監督や西川美和監督のもとで監督助手を務める。2019年に柳楽優弥主演の「夜明け」でオリジナル脚本・監督デビュー。同年12月にドキュメンタリー映画「つつんで、ひらいて」を発表。2021年に放送された連続ドラマ『それでも愛を誓いますか?』で監督を務める。

野村麻純

構成　濱野奈美子

「あっ、これ、現実だ！　夢じゃなくて現実だ」
と思ったのに「やっぱり夢だった」

――「台風クラブ」を見ての率直な感想を聞かせてください。

野村麻純　最初はアマゾンプライムで観たんです。それから4Kで観て、最初のプールの色合いから全然違いました。映像の違いが鮮烈で、４Ｋってこんなに綺麗なんだなっていうのが、まず見た目の面での感想です。

――着眼点がツウですね。

野村　この映画は皆さん言葉にするのが難しいんじゃないですか？　私、全然言葉が出てこなくて。どのシーンを切り取っても尖った部分があるなって思うんです。頭に残るセリフ「おかえり、ただいま」とか、なぜ残るのかわからないけれど、自分の中で余韻があるというか。すごく変な話かもしれないですけど、眠っていて、「あっ、これ、現実だ！　夢じゃなくて現実だ」と思ったのに「やっぱり夢だった」みたいな映画でした（笑）。現実だと思って見ている夢。見終わった瞬間は、そんなふうに思いました。

――それは、言い得て妙な感想ですね（笑）。昭和世代だと中学生の抑圧された感じにリアリティを感じるみたいなことを言う人が多いのですが、そうは思わない。

野村　自分の気持ちが制御できないんだろうなっていうのは見ていて分かるんですけど、あそこまで突き抜けているのかなとは思いますね。リアルだとは思わないです。私の頃はまだネットがすごく普及しているっていう感じではなかったですけれど、多分みんな小学校、中学校のときから携帯を持っていてＳＮＳをやったりしていたから、体を動かして発散するみたいなことは少なかったのかもしれないですね。

——自分が十代の時とは全然違いますか？

野村　「個は種を超えられない」という三上くんのお兄ちゃんとの話、「おまえいつもそんなこと考えているのか？」と言われますよね。若い時って意味もなく難しいことを言いたいところとか、そういう部分はわかるし、見ていてなんか恥ずかしいですよね。大人になってから見ると、可愛いなと思いつつも、その自分も分かるから恥ずかしい。

——三上くん目線なんですね。野村さんの世代でもそういうことはあるんですね。

野村　私だけかな？　でも、あると思います。分かれますよね。クラスでもすごくはしゃぐ人と、静かに本を読んでいて内に入っている人と。すごくうまくクラスの状況が描かれていますよね。

——この映画にはいろんな女子生徒が出てくるんですけれども、女子には共感できませんでしたか？

野村　男子に迫られるようなことは私も中学時代にちょっとあって。なので、そこはすごく見ていて嫌な気持ちでした。あそこまで激しくはないですけど、そこは共感というか、もやもやするものがありました。でもその後みんな普通にしているじゃないですか。そういうのは自分も言えない。そう考えるとリアルですよね。

——三浦友和の先生をはじめ、大人に対する嫌悪みたいな感じが描かれていますが、その辺はいかがですか？

野村　先生との関係性は本当にリアルだと思いました。先生に対して憧れというか、親しくなりたい気持ちもありながら、どこかで拒絶する。自分もこんな大人になるのかとか、あんまり子供として見てほしくないとか。美智子（大西結花）が「あれはいったい何だったんですか？」って先生に問うじゃないですか。答えを聞くまで譲らない。そんな子がいる一方で、他の男子は気にしないで勉強しようぜみたいになっていて、面白いですよね。

――キャラクターとしては、その例えば工藤夕貴さんが演じる理恵はもう三上君が全てみたいな感じで、三上君が東京に行ってしまう不安が彼女をいろいろ突き動かしているんですけど、それも中学生ならではというか。

野村　両親が出てこないんですよね。「お母さん」って呼んでも、お母さんは出てこない。孤独で、三上君が拠り所になっているじゃないですか。もっと言うと依存していて彼しか見えない。でもたぶん、若い時にみんな何か一つに依存するっていうことはあると思うんですよね。男女で区別してはいけないのかもしれないけど、それこそ女の子って恋をして、その人のことがすごく好きになって、周りがやめたほうがいいっていうような男の子でも、自分にとってはすごく大切で好きな人だから、盲目的になってしまう。これから成長していったらたぶん変わると思うけど、女性としての一歩なんだろうなと思って見ていました。

――先ほどからすごく言葉を選んでいますが、「台風クラブ」はなぜそんなに語ることが難しいんでしょうか。

野村　なんでしょうね……。自分より下の年齢の学生時代や学校を描いている作品は、自分の学生生活を重ねたり、見終わった後に何かフラッシュバックしたりして。もしかしたら自分の学生生活を重ねて話すのが恥ずかしいのかなと今思いました。「あの頃の子たちってそうじゃないですか」っていうのはイコール自分だったりして。

——なるほど。そうは言ってもやっぱり世代ギャップはあるんですよね。

野村　映画の中で後ろの黒板に「目標のある人間はくじけない」という教訓が大きく書いてあったのがすごく面白くて、そういう教育なんだなって。「誰のための時間割?!」みたいなことが書いてあったり、そういうのは結構細かく見ちゃいました。あ、工藤夕貴さんと大西結花さんがこうやって背伸びしますよね。

——今回、予告編に大西さんが背伸びするシーンだけ入っています。あれ、工藤さんもやるんですよね。

野村　やります。駅のところですよね。

——脚本には書いてないんですよ。あの2人は特に仲がいいわけでもないし、なぜまったく関連のないシーンで相米さんは同じような演出をしたのかわからないんです。ただ、こういう芝居しろとは絶対言わない監督で、自分から出たものしかチョイスしないんですよ。今回、工藤さんに取材をするので聞きたいと思うんですけど。

野村　工藤さんのあの顔の十字架?　ばってんには意味があるんですか?　これを自分がやることになったら、どうやるんだろうって思いますね。理恵の頭が教室の窓に挟まれているシーンも、その後、「いーいー」とか言い合う体勢も、あれもアドリブなんですかね。

——理恵が特に面白いんですよね。今おっしゃったことは全部工藤さんに聞こうと思います。

野村　もしかしたら気になるところが多すぎて、自分の感想どころじゃなかったのかもしれないです。これってどういうことなんだろうって、勝手に意味を付けて考えるのも違うよなと思っていたら、もう言葉が出ない。

――今まで見た映画の中でこれに似ていると思ったものはありますか？

野村　全然違うかもしれないですけど、ちょっと「新世紀エヴァンゲリオン」っぽいって思ったんですよ。内に秘めているものを発散して碇シンジくんはエヴァに乗って、シンクロさせてものすごいパワーを放って、使徒と戦うみたいな。「台風クラブ」のみんなは何かと戦うことはないけれど、対自分だったり、対大人だったりといった、すごく漠然としたものに、その積もりに積もった自分の何かを晒すみたいなところは似てるのかなと。

――台風でエヴァが起動するみたいな。面白いですね。劇中の音楽はいかがでしたか？

野村　音楽は好きでした。普段も映画を見る時に劇中で使われる音楽は結構気になって、見終わったら調べたりダウンロードして聴いたりするんですけど、最初のみんながプールで踊ってるところだったり。

――「暗闇でDANCE」ですね。バービーボーイズは知っていましたか？

野村　知らないです。この映画で初めて知りました。

――あとは「もしも明日が…。」とか、レゲエ調の曲だったり、他にも聖子ちゃんの歌を歌ったり……。

野村　聖子ちゃんは思いました！　私、聖子ちゃん好きなんですけど、「夏の扉」と「SWEET

MEMORIES」。

——聖子ちゃん好きとしては、ああいうところで歌われるとどういう感じを受けるんですか？

野村　2曲ともすごく有名な曲ですけど、遠いものだと思って見ている作品が一気に近くなります。ほかの音楽もあんまり聞き馴染みのない中で、その2曲を口ずさむんですよね、曲が流れるんじゃなくて。

——聖子ちゃんで親近感を感じるのは面白いですね。もちろん松田聖子は今も現役なんですけど。ちなみに野村さんは早く三十代になりたいと思っていましたか？

野村　二十代の時は早く三十代になりたいと思っていました。三十代になったらもっと自由というか、もっと強く自分の意見を言えるのかなとか、気にしなくて済むのかなと。

——今はあの映画みたいな嫌な大人になるっていう概念がなくなってきていますよね。あの頃はみんな焦っている感じがあるじゃないですか。だからそういうものをリアルだと感じる人はいると思うんです。

野村　焦りか……自分は何者になれるのだろうみたいなことは考えていたと思います。鹿児島にいたし、母子家庭だし、おばあちゃん子だったので、おばあちゃん死んだらどうするんだろうみたいな見えないことへの焦り。私、おばあちゃんが死んで悲しむのが怖いからおばあちゃんが死んだ時の予行練習とか、していたんですよ。

——映画と一緒じゃないですか！

野村　そうですね、今思うと考えても仕方ないのにと思うけど、何かしら準備していないと不安でした。

――話しにくい映画の話を話していただき、ありがとうございました。

野村　でも、面白かったです。どこかで伏線が回収されるのかと思ってもされないし、どういうこと？　みたいな感じで、あ、夢？　ってことに落ち着きました（笑）。そう考えると、やっぱり似ている作品はないですね。

野村麻純◎1990年、鹿児島県生まれ。テレビ朝日「11人もいる！」に出演し、ソアラ役で話題に。2021年映画「空白」で評価を受ける。2023年はCX「ウソ婚」、日本テレビ「こっち向いてよ向井くん」などのドラマに出演。出身地である鹿児島の銀行、南日本銀行のCMキャラクターを務める。

ユン・ダンビ

聞き手　小林淳一
構成　濱野奈美子
通訳　根本理恵

世界評価は、発信される問いかけが
依然として有効だからではないかと思います

――ユン監督は1990年生まれですが、1985年の作品である「台風クラブ」は、何歳の時に見られたんですか？

ユン・ダンビ　初めて観たのは大学生の時でした。もちろん公開された当時に観ることはできなかったのですが、ずいぶん経ってから観ました。相米監督の作品をはじめとして、いわゆるスタジオシステムで作られた作品や80年代に活動していた監督たちの作品なども見るようになりました。

――「台風クラブ」が最初に観た相米さんの作品ということなのですが、初めて見た時の印象はどういうものだったのでしょうか？

ユン　少し過激な表現になるかと思うんですけれども、あの映画の中で、最後に男性の主人公が教室から飛び降りて死んでしまいますよね。そのような気持ちだといえます。つまり、私自身はこの作品を超えられるだろうかと思うと、前途が漠然としてしまうような、そんな気持ちになりました。外から見て評価するというよりも、映画の内部に入り込んで、一緒に混乱してしまっていたような、そんな気持ちになったのです。台風の渦巻きの中に私も身を置いていて、そこから飛び出してきたような、そんな気持ちでした。

――監督がご覧になられたのは20代だと思いますが、「台風クラブ」の、日本の少年たちの学校での様子はリアリティを持って見ることができたのでしょうか？

ユン　「台風クラブ」には子供たちがロングテイクで撮られているところがあります。そういったところから子供たちならではのエネルギーが感じられて、凄くリアリティを持って胸に迫ってきました。同じ時期に大林宣彦監督が撮られた「さびしんぼう」も拝見したんですけれども、「さびしんぼう」での少年たち少女たちの演技と、相米慎二監督の映画に出てくるキャラクターの演技というのは違ったリアリティがありました。

——ユン監督の「夏時間」にも子供が出てくると思うのですが、子供たちを演出する難しさはありましたか。また、ご自身の経験を踏まえて、相米監督の子供たちの撮り方について、何か思うところがもしありましたらお聞きしたいです。

ユン　私が撮った「夏時間」は、リアリティを前面に打ち出した状況や演技を求めるところがありました。「台風クラブ」にも、同じくリアリティは感じたのですが、見事にうまく練り上げられたリアリティだと思いました。演出方法としてはかなり違っていた印象があります。相米監督の作品における、本当に見事に作られたリアリティというのは、おそらく細かいディレクションがあったのではないかなと想像しています。一方、私の「夏時間」はロングテイクでよく撮ったのですが、その時は俳優たちが自由に動くことも許容しなければいけませんでした。動と静のどちらかというと、静です。静かに俳優たちの動きを見守るような演出をしていました。「台風クラブ」を見ていて思ったのは、日本の中学生たちが台風や雨の日に下着姿でみんなが踊るというわけではないと思うんです。でも、あの当時、たぶん日本はバブル経済の時期だったと思うのですが、当時の世相を反映したり、時代の雰囲気なども映画の中に盛り込んだのではないでしょうか。全員がこんな風に踊るわけではないんだということは分かっていた上で見ても、真実と信じさせるような凄い力があったと思います。

――今回、4Kでご覧いただいたと思うのですが、かなり高画質になったと思います。

ユン　字幕が付いていなかったので、内容やセリフに関しては以前に見た記憶を頼りに観させていただきました。私もやはり画質がはるかに良くなったなと思いましたし、以前観た時には通り過ぎてしまった、オブジェだったり、細かいところまでも結構目に付きました。主人公が家出をして戻る時に、双子のような方が出てきて、ちょっと話をするようなシーンがあったんですけれども、今回改めて「あぁそうだったのか、こんなに綺麗な画質で見られるんだ。とってもリアリティがあるな」というふうにあらためて思いました。

――4Kで奥行きが出たし、非常に緑がきれいに出るようになったなと思います。木々もそうだし、冒頭のプールの水の色が深い緑なんですね。「夏時間」も非常に緑が美しい作品ですが、今回の4Kにおける相米の緑はどう感じられました?

ユン　今回、4Kで観せていただいて、台風のシーンだったり、木が出てくるシーンだったり、そういったところもいろいろと構図にこだわって撮っていたんだと新たに分かりました。例えば保健室のシーンでもちょっと桜が見えたりしていますし、プールで子供が溺れて「もしかしたら死んでいるのかな」と思ったんですが、人工呼吸でまた息を吹き返すようなところのイメージも、すごくはっきりと鮮明に見えた気がします。相米監督も夏の緑のイメージを大切にして撮っていらっしゃったんだなとあらためて感じました。相米監督の作品というのは、コインの表と裏の両方があるような感じがします。緑だったり青だったり、そういう色で象徴されるような若者たちの青春だったり、若さからにじみ出てくるような力やエネルギーが描かれているのと同時に、その裏に死というものも一緒に描かれていた気がします。両者の対比がすごく見所だと思いました。

――「夏時間」はすごく風を感じる作品だと個人的に思っています。そして「台風クラブ」には全然違う風が吹いています。相米監督の作品の中では激しい風の映画だと思うんですが、風についてはどう思われますか？

ユン　風について言うと、相米監督は映画の神なのではないかと思います。その映画の現場というものをすべて掌握されていて、この時に風を吹かせようとか、この時に雨を降らせようというようにできる、神のような気がしました。私が「夏時間」を撮っていた時にはとにかく風が吹くのを待っていたんです。いろんな天候的な条件があったんですけれども、とにかく待機していて、風が吹く瞬間を待って撮ろうという、そんなスタイルでした。「どうか映画の神が降りてきて、このシーンの撮影を助けてほしい」と、そんな気持ちだったのに対して、相米監督はご自身がまるで神のように風や雨を吹かせたり、降らせたりしていらっしゃったんじゃないかなという気がしました。

――この映画はシナリオ公募で選ばれた脚本です。助監督をやっていた榎戸耕史監督もおっしゃっていますが、相米監督の作品の中で「台風クラブ」が一番脚本通りに作られているんですね。シチュエーションしかなくて、特殊なシナリオだと思いますし、おそらく撮る監督によってだいぶ変わると思います。で、一つ目の質問は、このシナリオをどう思われたか。二つ目は、もし撮れと言われたらやれますか？　あるいはやりたいですか？　もしやるなら、どういう風に撮りますか？

ユン　実は以前見た記憶と今回見た感想を比べて、すごく不思議な点が一つあります。こんなに事件や出来事が多かったんだということでした。以前見た時の漠然とした記憶では静かな映画だった感じがあったんですけれど、例えば、レイプしようとするシーンがあったり、家出をして知らない男性の家に行ったり、先生の人間関係が提示されたり、本当に多くの出来事や事件が起きます。シナリオについては、実際、私も最初どういうシナリオだったのかすごく気になっていたところでした。もし、これを演出してくださいと言われたら、果たしてできるかどうか。以前だったら時間を制限なくたくさん使って撮れたのですが、今は韓国にもアメリカの制作のシステムが入ってきていて、時間的な制限もありますし、撮影時にはいろいろな条件が与えられるようになっています。でも、もしあの時代にこのシナリオで撮ってくださいと言われたとしたら、きっとすごく楽しい撮影ができたのではないかなと想像します。ただ、あの当時に撮るとしても、今また新たに撮るとしても、この映画は韓国的な情緒ではなくて、日本的な情緒に基づくものだと思うので、背景や人物は、やはり日本のものを基にして撮ることになると思います。

――以前の取材でユン監督が日本の監督で好きだと言ったのは小津安二郎、小林正樹、今村昌平、是枝裕和、そして相米慎二の5人だったのですが、相米さんはこの中で異なる人なのか、それともだれかとの類似を感じられたりするのでしょうか。

ユン　今挙げてくださった監督たちはその時に思いついたままにお話ししたかもしれないです

ね。好きな監督は他にもたくさんいます。成瀬巳喜男監督なども好きです。いずれにしても、相米監督ともし似ている監督さんがいらっしゃったとすると、その4人ではなくて、溝口健二監督のような気がします。ただ、似ているとは言っても、その特徴、特性は全く違うので、完全に似ているとは言えないかもしれないですが、あえて言うのであればそうかなと思います。面白いと思う点は小津監督、溝口監督やそれ以前の監督さんたちは、スタジオシステムの中で主に撮られていました。80年代に入ると、黒沢清監督や相米慎二監督などがディレクターズ・カンパニーを作って活動されていましたよね。それを見ると、ヌーベルバーグに近い気がして、非常に興味深いと思っています。その中でも特に相米監督は活気があった監督さんだと思います。

――理恵を演じた工藤夕貴さんはこの作品がデビュー二作目にあたりますが、彼女の演技はどうユンさんに映りましたか。

ユン　とても神格化したような言い方になってしまうかもしれないですが、私は「台風クラブ」を見た後に、工藤夕貴さんの顔だけはもう絶対にずっと忘れられないと思いました。時間が経つと、他の俳優さんたちの顔はちょっと思い出せなかったりするかもしれないけれども、もう、工藤夕貴さんのおさげの髪だったり、走っている姿だったりは本当に忘れられません。この映画においてこの役は工藤夕貴さんの代わりになる人はいないんじゃないか、そんな存在だと思いました。最も輝くあの時代の光をうまく演じたと思います。彼女が持っているオーラだったり、ルックスだったり、もう全てが魅力的でした。

――相米監督は既成の歌謡曲を多くの映画で使っています。今回もバービーボーイズやみんなが歌う「もしも明日が…。」という既成の歌謡曲が使われていて、劇伴はラストのシークエンスにしか使っていない。相米映画における音楽のあり方についてはどのように感じますか？

ユン　「台風クラブ」に関して、韓国ではどう見られているんだろうとインターネットで検索したんです。そうしたら映画の中で使われている音楽について知りたがっている人がすごく多いということがわかりました。この中で使われていた音楽が人々の脳裏に焼き付けられているんだと思います。当時流行っていた歌だったり、当時みんなが聞いていた歌をあの映画の中に取り入れたというのは、よりその映画の中に没頭できる、そんな効果をもたらしてくれるものだと思うので、とてもいい選択だと思います。そして、歌がなかったら、これほどリアリティがあっただろうかとさえ思ってしまいます。音楽の使い方の選択も良かったと思います。例えばラジオから流れてくるとか、ダンスをしている時にかかっているとか、あるいは先生が歌うとか、そんなふうに、撮っていたら自然にラジオから流れていたり、どこかから聞こえてきた歌だというような、結果的にそういう演出になっているので、その点も私は好きですね。これは決して簡単ではないと思いますし、著作権の関係があると思うんですけれども、この劇中で使われていた音楽のオリジナルサウンドトラックがあったらいいですよね。

――2年前の金馬奨（台湾の映画賞）で相米さんの特集上映が行われました。ホウ・シャオシェン監督も言葉を寄せるなど大変な反響でした。今年の4月にジャパン・ソサエティー（アメリカ）で相米さんの上映が行われ、9月に「台風クラブ」と「ションベン・ライダー」がニューヨークで劇場公開されます。デジタルの時代を知らない相米慎二監督がなぜ今求められるのか、ユン監督はどう感じられていますか？

ユン　それは簡単ではない質問ですね……。恐らく映画の中から発信される問いかけが、依然として有効だからではないかと思います。というのは、例えば小津安二郎監督のホームドラマを、今でもたくさんの人たちが見たいと思っていますよね。多分それは小津監督の作品の中に、今でも有効な問いかけがあるからだと思います。何か説教してやろうだとか、何か教えてやろうということではなく、小津監督の作品を見ると、家族とはどういう意味があるんだろう、娘と父親の関係とはどういうものなのだろうと、今の人たちにも考えさせてくれるのです。相米慎二監督の映画の中にもそういった有効な問いかけがたくさん散りばめられていて、それを見る私たちに、いろいろな解釈をする余地があるからではないかと思います。そんなふうに感じさせてくれるシネマ・アーティストのお一人だというふうに思うのです。それは、映画を作る形式であったり、試みだったり、それも含めてということになると思うんですが、日本社会の当時の情勢や人々の感情というものも、やはり今見ても色々と考えさせられるものがあると思います。そして、今の若い人たちも、やはり青春時代を生きていると色々な不安があったり、心の中では非常に弱いものがあったり、死に対しての衝動を感じたりということは、やはり以前と変わっていないと思いますし、そして、例えば「こんな大人になりたくない」と思っている今の人たちもいると思います。それらを含め、相米監督の映画の中に反映されているというふうに思います。今にも通じる、そういったさまざまな問いかけが非常に鋭く、映画の中に溶け込んでいる。本当にいつの時代も、もちろん今見ても有効な映画だと思うので、そういった点で、今でも人々から愛される、そういう力を持つ映画になっていると思います。

ユン・ダンビ◎1990年生まれ。短編"Fireworks"が2015年の第16大邱独立短編映画祭、2017年の第15韓国青少年映画祭で上映され注目される。2017年には檀国大学大学院に入学、その長編制作プロジェクトとして「夏時間」は制作された。2019年、「夏時間」で長編デビュー。同年、第24回釜山国際映画祭で上映され、デビュー作ながらNRTPAC賞など4冠を獲得する快挙を成し遂げた。

台風クラブ論

文　夏目深雪

このうえなくワイルドな映画
その性と死

「台風クラブ」（85）は工藤夕貴演じる理恵と、ラスト自殺してしまう恭一が主人公と考えることができるが、基本は群像劇である。

通算5本目に当たり、青春期にいる若者を主人公にする映画も4本目となり、若者たちのラブロマンス（「翔んだカップル」［80］）や女子高生がヤクザの組長になる（「セーラー服と機関銃」［81］）といったシチュエーション、それらが要請する物語性が希薄になっている分、性というテーマが前景化している。

恭一と常に行動をともにするが、肝心のところで冷たくされる理恵。美智子・泰子・由美・みどりの4人は裸にした明にコースロープを巻きつけ、プールの中を引き回す。常に「おかえり」「ただいま」と口にする癖があり、美智子に恋心を抱くが上手く表現できず、背中に大火傷させてしまう健。泰子と由美はレズビアンの関係にあり、それを男子たちに目撃されてしまう。

それぞれの性の目覚めという未知の爆弾を抱える男子／女子学生が交互に描かれ、それらが総体となり不穏さを高めていく。木曜、金曜と彼ら（と恋人の母親と叔父が教室に押しかけてくる彼らの担任）を描き、土曜日の午後になって台風が来ることが発覚する。バラバラと纏まることなく描かれていた彼らの性の爆発の兆しが、〝台風〟の到来によって狂乱状態になる流れは何度観ても劇的さと同時に「これしかない」という自然さを纏っていて見事である。性による失調はたとえ彼らにモラルを教える立場にある教師だろうと逃れることはできない。大人も子供も、カメラに捉えられたもの全員が同じように狂乱に巻き込まれていく平等主義は、台風や地震などの災害の多い日本らしいものだと言えるかもしれない。

そして、犠牲になる者もいる。恭一の自殺は理由がはっきり描かれるわけではなく、単に失調の結果のようにぶっきらぼうに描かれる。土から恭一の足だけが2本出ているショットは、自殺が台風という災害によるものとは言い切れないものの、台風一過の後の傷跡を見る時のような安堵と驚嘆を引き起こさずにはいられない。

性（エロス）と死（タナトス）が結び付くというより、（この映画にセックスそのものはないので）、性をめぐる狂乱に巻き込まれた結果として死がある。それが文学的になり過ぎないのは、映画のなかに丸太のようにごろんと投げ出された肉体＝役者の身体の存在に拠っている。

相米監督は役者に何度もリハーサルをさせることで有名であった。その回数は時に100回を超えたという（※1）。「台風クラブ」にて教師を演じた三浦友和は相米監督の現場での初印象についてこう言う。「あ、この監督は上手い芝居とか、それらしい芝居を全く望んでないな」（※2）。また、相米監督はリハーサルを何度もさせる時、指示を与えるわけではなく、俳優の自発的な考えに任せた。三浦が「放置プレイ」と呼ぶそのやり方は、今問題になっているハラスメントのような演出とは全く違うものだったという。「演じている本人が一番わかってないですから。だから予想がつかないんですって。次にこうなるだろうなと思わずに演技することで、観客の予想を裏切ってくるようになってしまうんでしょうね」（※3）。

映画の登場人物は本来は、その物語の結末を知らない状態のはずだ。しかし俳優は、脚本を読んだうえで演じるので、どうしても「それらしい」演技になってしまう。相米の俳優に対する演出とは、俳優のそれまでの経験やストーリー上の予測など余分なものを削ぎ落とすためのものだったろう。

相米映画の俳優が持っている、肉体がただそこにあるような「生々しさ」はそうして獲得された。相米映画で特に子供、少女と大人の中間に位置する若い女性が輝いているのはそこに理由がある。まだ規範や分別に沿った生き方を身に付ける前の段階の、性の目覚めに戸惑いながらも可能性を生きている存在。

相米の映画に多用される長回しは、彼らの精神ではなく肉体――役者としての型や脚本上の要請といったものではない――の可変性を捉えるためのものだったろう。ごろんと投げ出された肉体――相米映画とは、文脈が異なる俳優を投入してみた場合の身体のドキュメンタリーでもあった。

その意味でたとえ長回しが多用されようとも、相米映画はスローシネマとは言えない。スローシネマの特徴は長回しと物語性の希薄さである。相米映画は、観客にあえて退屈を与え、映画の中の時間ではなく「観客の持っている」時間を意識させ、内省に向かわせる現代的なスローシネマとは違う。

ただ、スローシネマの映画のもう一つの特徴である、人間中心主義からの脱却（※4）というのは、私は相米映画は兼ね備えているように思う。それは特にマグロ漁に生死を賭ける漁師たちを主人公にした「魚影の群れ」（83）や、まるで主人公は台風で人間たちが脇役であるような「台風クラブ」といった映画の存在のせいでもある。「お引越し」（93）も、両親が離婚した小学生のレンコの成長を描いているが、レンコが父親とも母親とも決裂したあと、彷徨う森のシーンが圧巻である。

相米映画の特徴は「通過儀礼」であること、とも言えるだろう。それは少女から大人になる途中の若い女性が主人公になることが多いことからも必然的に「性」が具体的な「通過すべきもの」となることが多い（「翔んだカップル」「セーラー服と機関銃」「雪の断章 情熱」［85］）。だが、既に述べたように「魚影の群れ」や「お引越し」のように自然が強敵や畏怖すべきものとして立ち現れることもある。「夏の庭 The Friends」（94）のように子供たちにとって他人の死が通過すべきものとして立ちはだかる映画もある。

そう考えると、性・自然・死と三拍子揃った「台風クラブ」はまさに相米の集大成的なフィルムだと言える。

相米は今のフェミニズム的な文脈では、アイドルを起用した性の匂いが濃厚な作風も、「しごき」と誤解されがちな演出法も、マッチョかつ旧世代的なイメージを与えるかもしれない。だが、スローシネマがそうであるように、基本的には家父長制に抵抗する映画をずっと撮ってきた。相米映画で生き生きとしたアクションを与えられるのは子供と若い女性である。男性は死を考えていたり（「ラブホテル」［85］）、老いていたり（「夏の庭 The Friends」）、または既に去勢されている（「風花」［00］）。

子供たちは明らかに大人によって不利益を与えられていたり（「お引越し」）、若い女性は年上の男に性的に搾取されていたり（「東京上空いらっしゃいませ」［90］）するのだが、そんな彼らが走り、飛び跳ねるその身体の躍動感は何とも言えず感動的なものがある。

性はあくまでも避けられない現象や障壁として描かれ、それは相米と同時代に活躍した大林宣彦のアイドル映画が性をあからさまに描かなかったのと対称的である。大林の青春映画は「少女」という存在への撞着も感じさせるが、母親など親の存在が大きく、あくまで尾道や自らの親といった想い出とともに描きたいという意志が見える。大林作品の「少女」は、現在の大林自身の目線（ノスタルジー）も入ったものであるので、性的なものは入らない。相米はリアリティを重視し、「自分がこう描きたい」というのではなく、そこにあるものを形にすることに拘り、俳優が役に息を吹き込むのを辛抱強く待った。

「台風クラブ」は性・自然・死という相米の三種の神器が揃っているのみならず、その絡み方が神懸かり的だ。自然が媒介となり生と死の境界線が引かれる。日常では当たり前のことだが、映画では監督の自我とカメラの存在によってなかなかそのようには描かれない。性は不穏な、若者を狂わすものとしてリアリスティックに――しかも祝祭的に――描かれる。長回しは、言葉による物語ではなく、身体による物語を紡ぐために使用される。音楽とダンス、風と雨、制服と下着、赤い口紅とハイヒール、あらゆるコノテーションは明確な結論をすり抜ける。まさに安住を決め込む「大人」が定期的に「通過儀礼」として経験すべきこのうえなくワイルドな映画であろう。

※1）黒沢清・篠崎誠「純粋に映画的であろうとした人」、『甦る相米慎二』（木村建哉・中村秀之・藤井仁子編、インスクリプト、2011年）、360頁の黒沢清の発言より
※2）三浦友和「回想」、『相米慎二という未来』（金原由佳・小林淳一編、東京ニュース通信社、2021年）、35頁
※3）同右42頁
※4）スローシネマの中の人間中心主義の脱却は、風景映画の存在や、カメラ（・アイ）が主体となる映画の存在などに見られる。相米の横移動を伴う長回しはこの文脈で読み解くことが可能かもしれない。

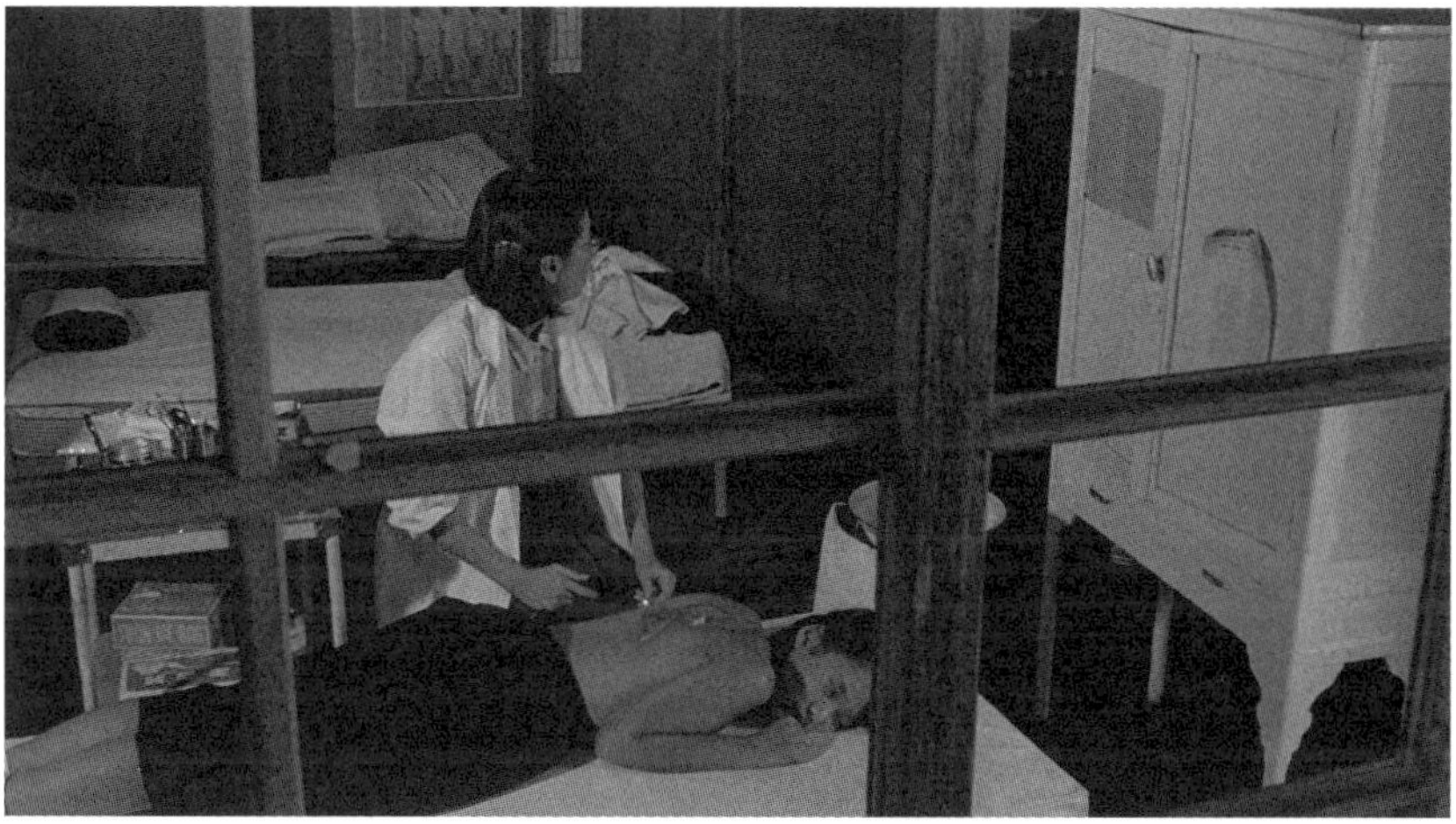

台風クラブ論

文　月永理絵

激しい雨が降る
期待と恐怖のなかで

相米慎二の映画ではいつだって激しい雨が降る。大量に降り注ぐ水は主人公たちをずぶ濡れにし、凶暴な風が彼らを薙ぎ倒す。相米映画において、雨と風は、つねに人々の声と体を飲み込んでいく暴力的な装置として機能する。

ディレクターズ・カンパニーのコンクールに応募され、準入選作に選ばれたシナリオをもとにつくられた「台風クラブ」でもまた、当然のように激しい雨が降る。「台風」と冠されたこの映画で、雨や風が中心になるのは当然だ。物語の舞台は、東京近郊のとある中学校。台風がやってくる予感から始まり、やがて台風が直撃し、通り過ぎていくまでの時間が記録される。ちなみに、当時ディレクターズ・カンパニー内でこのシナリオで撮りたいと手を挙げたのは、相米慎二と黒沢清のふたりだけだったという。もし黒沢清がこの映画を撮っていたら、きっと雨よりも風についての映画になった気がする。

工藤夕貴演じる高見理恵が、何度も窓の外を見上げながら台風が来るのを今か今かと待ち望むように、この映画を観る人々は、いったいいつ台風が来るのかと待ち望まずにいられない。通常の雨風ですらあれほど暴力的なのだから、台風となればどれほど激しく荒々しいものになるのかを、確かめたくて仕方ないのだ。ただし理恵とは違い、私たちが見つめるのは、窓の外ではなくフレームの外部になるだろう。なぜなら、実際に台風をつくりだすのは、撮影現場にいるスタッフたちだからだ。画面のなかで強風が吹き荒れるとき、人々は画面の外側にふと視線を向け、そこに巨大な送風機や放水車が置かれていること、大勢のスタッフたちがここぞというタイミングで送風機をまわし大量の水を放出しようと、じりじりと待機している姿を想像する。もちろん、そこに送風機や放水車が見えるはずはないとわかっているが、それでも見つめずにいられない。そして徐々に雨が降り風が吹き始めると、ついに始まった！　と思わず拍手喝采したくなる。

映画における雨や風がフィクションであることなど今さら語るまでもないし、劇中で雨が降るたびに必ず実際の撮影隊の姿を想像するわけではない。けれど、とりわけ「台風クラブ」において、実際の現場にいる撮影隊の姿を考えないでいるのは難しい。そもそも相米慎二の映画はどれも、それがどんなふうに撮られたかを否応なく想像させてしまう。「ションベン・ライダー」で道路から屋外プール、校庭へと三箇所も視点が移動する冒頭シーンを見て、そこにカメラとクレーンの存在を想像しないではいられないし、「雪の断章─情熱─」の次々に場所を移動していく18分間にも及ぶ冒頭シーンを見て、セットをつくりカメラの動きを念入りに準備したスタッフたちの仕事を感じずにいるのは不可能だ。多くの人が指摘するように、相米映画においては、物語上の必然性を超えた過剰な何かが溢れ出る瞬間が必ずあり、それは特に長回しという手法によって出現する。

「台風クラブ」には、この二作ほどの過剰な長回しシーンは見られない。ただし、一つだけ絶対に忘れられない場面がある。野球部員の清水健（紅林茂）が、想いを寄せる大町美智子（大西結花）を校内で執拗に追い回すシーン。カメラは、逃げまどう美智子をひたすら追い続け、ついに彼女が立て篭もった教室の扉をも上から乗り越え、室内に入り込むという凄まじい動きを見せる。何より恐ろしいのは、強姦というおぞましい犯罪の場面を私たちが目の当たりにしているという事実だ。「ただいま」「おかえり」をくりかえしながら扉を蹴り続ける少年の前で、少女はもはやなすすべがなく這いずり回る。美智子の服を剥ぎ取ったあと、健は自分がかつてつけてしまった背中の傷跡を発見し、泣き崩れる。自分のしたことの恐ろしさを知り、彼は自分の行いを反省したのだ、だから事件もなんとか未遂に終わったのだと、物語上は一応そう捉えられるよう設定されている。でもそんな物語上の設定などとても信じられない。それほど禍々しい暴力が、ここにはたしかにある。子供たちの狂騒ぶりに胸踊らせながらも、この場面だけは、何度見てもゾッとしてしまう。呆然とし、これほどの暴力を、いったいどんなふうに見つめていたのかと、画面には映らない監督たちにふと目を向けたくなる。

もうひとつ、本作において物語の外部へと視線を誘うのは「台風の目」だ。主人公たちのいる学校がちょうど熱帯低気圧の渦の中心部に入り込むと、一時的に雨がやみ、彼らはその奇跡のような時間を楽しむべく、校庭で歌い踊り、おおはしゃぎする。けれどすぐに「台風の目」は通り過ぎ、画面の右の方から徐々に激しい雨と風が迫りくる。そして嵐の中、子供たちは次々に服を脱ぎ捨て、さらに踊り狂う。もちろん実際にはこれが「台風の目」ではないことを、観客である私たちは知っている。現実の世界では台風どころか雨など降っていない。「台風の目」は、スタッフたちが雨を「降らしていない」状態なだけ。だからこの場面は、子供たちが風雨が一時的に止んだことに歓喜しているのではなく、これから大量に降りそそぐはずの水を待ち望んではしゃいでいる場面と言い換えることもできる。

こんなふうに、「台風クラブ」という映画を見ていると、どうしても画面の外側を、物語の外の世界を想像せずにはいられない。と同時に、想像するのが怖くてたまらない。あの強姦場面のように、何かとてつもなく恐ろしいものを目撃してしまうのではないか、と怖くなる。すさまじい何かを見たいという期待と、それを見てしまうことへの恐怖。矛盾したふたつの感情がぐちゃぐちゃに混ざり合う。

観る側のこの奇妙な心境は、台風を恐れながら、それを待ち望む子供たちと通じあう。彼らは台風から身を守るために教室内に立て篭もりながら、一方で、今にも飛び出したくてたまらないように外の様子にじっと目をこらす。やがて校庭に飛び出した子供たちは服を脱ぎ捨て踊り狂う。「台風の目」であろうと、撮影隊による「雨降らし」の直前の時間であろうと、とにかくそれは歓喜の瞬間なのであり、絶対に逃すわけにはいかない時間なのだ。同様に、東京にいる理恵も、台風に薙ぎ倒されなければ映画の主人公でいる資格がないというように、アパートを飛び出し風雨のなかで転倒する。その歓喜の瞬間を、私たちはじっと見つめるしかない。期待と恐怖とがないまぜになり、どうしていいかわからないままに。

台風クラブ論

文　相田冬二

4Kに波打つ、案外ミニマムな肌触りは、
「家族ゲーム」に通底する

フィッシュマンズが１９９８年にリリースしたアルバム「Oh! Mountain」のジャケットには、アーティスト名とタイトルに挟まれるように、次の文言が刻まれている。

〝ライヴ・レコーディング／スタジオ・トリートメント〟

本作はライヴ盤だが、オーディエンスの歓声は完全にシャットアウトされており、ボーカル佐藤伸治のＭＣもほぼカットされている。生演奏の臨場感は抑止され、ライヴ音源をスタジオで磨きをかけ、エコーやダブ処理を施し、むしろ奇妙なスタジオ盤の趣さえある。むしろ、ライヴ／スタジオの混血であり、また、どちらの子でもない孤児の風情が異彩を放っている。

映画「台風クラブ　４Ｋ」を観て最初に想起したのは、この〝ライヴ・レコーディング／スタジオ・トリートメント〟という言葉のクールな響きだった。

この４Ｋ版は、自分が何度も観てきた「台風クラブ」とは、印象が全く異なる。

ザ・ビートルズのアルバム群が初めてＣＤ化された時、〝レコード＝ビニール盤では聴こえなかった音が聴こえる！〟と、音楽マニアは狂喜し、音楽界は騒然とした。それと近いことが、今回起きているのかもしれない。

１９８０年代は、監督名が、俳優名と同格で語られる稀有な時代であり、相米慎二は役者の生命力を見つめ掬い取る情感豊かな作り手として認識されていた。アナログ／デジタルの区分けで言えば間違いなく、アナログな名手だった。

観客にとって捉え方は様々だが、あの頃最前線の監督たちから、あえて「東の横綱」を選ぶとすれば、相米慎二という固有名詞ではなかったか。そして、相米とは対照的な「西の横綱」に相応しいのは、森田芳光ではなかったか。なぜなら、クールでスタイリッシュな作風の森田のパブリック・イメージは、間違いなくデジタルだったから。

前置きが長くなった。

誰よりも相米の現場を知る男、榎戸耕史によれば、『台風クラブ』は、相米が脚本を改変せず、極力忠実に映画化した作品であり、また、既に完成していた脚本に対して自ら「やりたい」と名乗り出た、極めて珍しい映画だという。つまり、相米慎二のフィルモグラフィーの中で例外的な一作。

4K版を観て思うのは、相米慎二という映画作家にとって本作は、例外的な資質が発露した例外的な映画であり、この例外的な資質こそが実は相米の本質だったかもしれないということだ。

「台風クラブ　4K」はまず、冒頭の沈黙からして、静けさの質が違う。オリジナル版にあったのは、来るべき禍々しさの予感としての静謐だった。ひとりの少年が、プールの水面から出たり入ったりを繰り返し、やがて潜ったまま、出てこなくなる。そこにタイトル。

4K版では、あの沈黙は破壊されるべき沈黙ではなく、作品全体を司る沈黙として鎮座している。予感ではなく、ラッピングとしての沈黙。静けさが、わたしたちの耳を支配する。だから、その後、水着の少女たちが踊りまくる際、彼女らを先導するBARBEE BOYS「暗闇で

DANCE」もまるで違って聴こえる。

冒頭の完全な沈黙で聴覚がクールダウンしている。つまり、耳が整理されている。整理された耳にとってあの曲は、混沌ではなく、分離・増殖されたヴィヴィッドな何かだ。

フィルムの質感と共に在ったオリジナル版が暗闇だとすれば、4K版が体感させるのは光。踊る少女たちが浴びる光もまたシャープでクリアだ。狂乱・狂騒ではなく、スーパーフラットなパースペクティヴ。高揚よりも鎮静。情景よりも風景。

見通しがよい。かつての「台風クラブ」は遠近感が消失しており、それゆえ渦中に呑み込まれる快感があった。だが4K版にあるのは、真っ只中に放り込まれるパッションではなく、冷静に事態を見届けるクールネス。その象徴が、映画の前半、教室の窓の外に存在するグリーン=自然の立体感だ。

グリーン=自然は、言うまでもなく来るべき台風の予兆だ。そこには、嵐の前のざわめきがある。しかし、4K映像によってみずみずしい背景として浮かび上がるグリーン=自然は、むしろ遠近感を際立たせる。ぐちゃぐちゃではなく、こちら／あちらの距離が、分離・補強されるのだ。

学校の外側には、グリーン=自然がある。しかし、それは学校という内部に侵食してくる存在ではなく、あくまでも別個の存在。

そうした状況下、台風が到来してからも、わたしたち観客は、事態の推移をあくまでも冷静に見届ける。少年少女たちの嵐の内面ではなく、嵐からも取り残された無数の孤立たちが粒立つ。

少年少女たちは嵐と一体化しない。これが、印象激変の最たるものだ。しかし、これこそ21世紀的＝現代的な体験ではないか？

クールの誕生。

思わず、マイルス・デイヴィス初期を代表する名盤のタイトルを想起する。吹き荒れる混沌ではなく、分離・増強された音のセンシティヴな配置。そのセンスが「台風クラブ 4K」からは掴みとれる。

伝説化されている、わらべ「もしも明日が…。」の群舞も、エモーショナルというより、ファニーで、どこか脱力している。これもまた、光としての映像が、影の秘密・魅惑を上回る効果を獲得した結果だと考えられる。

フィルムと4Kで、ここまで印象が変わる映画も珍しい。わたしたちはライヴで音楽を聴く時、とかく臨場感を求めがちだが、その臨場感を基盤とせず、新たな音像を再構築したのがフィッシュマンズ「Oh! Mountain」だった。同様に、わたしたちは相米慎二の映画を観る時、役者の生理の記録ばかりに追随するが、実はスーパーフラットに演技・映像をレイアウトする側面もあったかもしれず、「台風クラブ」はその先鋭的・先鋒的な作品だったのかもしれない。

相米の死後、森田芳光に「相米を意識していたか？」と問うたことがある。「もちろんだ。特に『魚影の群れ』は羨ましかった」と森田は即答した。森田の「家族ゲーム」が公開された1983年、相米は「ションベン・ライダー」と「魚影の群れ」を世に放った。「台風クラブ」の1985年は、森田にとっては「それから」の年だった。

はたして相米は森田を意識していただろうか。今となっては確かめようがないが、「台風クラブ　4K」に波打つ、案外ミニマムな肌触りは、「家族ゲーム」に通底する。

4Kという技術が、今後、映画の何を解き明かしていくのかはわからない。だが、映画作家の隠された本質に接近する契機になり得るなら、歓迎したい。第一印象の先にダイヴするのも、観客の自由であり、責務だからだ。

台風クラブ論

文　孫小寧

台風が過ぎ去り、
何も起こらなかった

人生の半ばを迎える者が青春を懐かしむ。それは老いへの準備を始めることほど緊迫したものではない。一般的には、青春を謳う映画を繰り返し観る機会は減る一方だ。しかし、映画のファンであれば、最近のメディアの影響で、１９８５年の映画「台風クラブ」から、青春の衝撃波を感じるのではないか。それに伴って、20年以上前に亡くなった監督・相米慎二は、まるで掘り出された宝物のように何度も話題に上がる。このような時空を超えた持続的な存在感は、作品の魅力を証明する何よりも有力な証拠だろう。

事実、日本映画史上、青春映画は数え切れないほど存在する。しかし、相米慎二のように、青春前期の子供たちに注目し、その率直さと曖昧さが共に在る物語を描く監督はいない——子供たちそれぞれの苦境や、青春のエネルギーが自然に放たれる様子が描かれている。この特殊なテーマとクラシックな表現を超えるものは、「台風クラブ」以外には存在しないだろう。特に、映画の終盤、台風の雨によって水たまりができた学校の空き地で上演されるダンスの群像は、自然の台風と青春の肉体とが相互に関連しながら、互いに刺激し合うイメージを見出したと言える。その正確さは、外部の環境が内部の肉体と意志の動揺や目覚めを引き起こすのか、あるいは、このような青春の中には、必ず、一つの嵐もしくは激しい自然の風景によって、心を解放し、洗礼を受ける必要があるのか、その区別がつかないほどだ。

大人の視点でこの映画を分析すれば、青春前期の子供たちの身体を描きつつも、盗み見するようなデリケートな空間を作ることは意図的に行われていないとわかる。それが、この映画に対して私が好感を持っている理由の一つだ。この時期の子供たちは、自己意識や性別の覚醒、他者との境界に対する挑戦と衝突の中で、不安定な衝動と秘密を持つ。洗練されたカメラワークによって、相米慎二による子供たちの身体描写が、内面の人生への理解から生じるものであり、過去を持つ人々の善意と尊重とを持って行われることが示されている。それゆえに、少年少女の演技を観ると、私自身もリラックスできるのだ。もっとも、自然な表現を見せることと、個人的な見解とを一方的に強調することがもたらす視覚体験が異なることは言うまでもないだろう。

相米慎二の長回しは、この映画で、彼らの青春の姿を追いかけ見つめ続ける。そして、それぞれの空間を広げ、彼らが集まる様子を観衆に見せる。ここには男の子、女の子が集まり、大人は少ない、というよりも、ほとんどいない。これら全てが映画の中の純粋で集中した葛藤を引き起こし、未熟な身体と心による青春の物語や「事故」を引き起こす。

冒頭のプールのシーンは、女の子たちのホームグラウンドだ。まずは、正面から静かなプールの水面を見せ、次に、プールサイドでの女の子たちが自由に体を動かす。すると、プールは瞬く間に彼女たちの謝肉祭へと変容する。一方、夜の田舎の屋外、木製の梯子が置かれた場所は男の子たちの領域だ。男の子たちは、夜の闇に隠れて、大人のようにタバコを吹かしながら会話を交わす。そこでは、思春期の彼らが異性のクラスメートの「秘密」を交換し合っている。台風の4日間、ほとんどの生徒が校舎に閉じ込められたが、一部の生徒は台風の中、学校を出た。道中で出会った青年に拾われそうになる女子生徒・理恵は、帰宅を決意する。彼女が台風の中帰宅する場面で、相米慎二は、彼女のために、現実と幻想が混在する雨の街を作り上げた。

街角には偽警官が立ち、街中に背中合わせになっている人形のようなオカリナ奏者が立ち、オカリナの音で彼女に伝える。早朝にだけ聞こえる美しいオカリナの音があることを。

相米慎二の長回しは、教室での危険な追いかけっこのシーンをも作り出している。美智子という女の子に私たちの視点は向かい、彼女が背の高い男の子・健に追い詰められるのを見て、何が起こるのか分からず不安を覚える。結局、健が美智子につきまとうのは、そして、彼女の服の背中側を引き裂くのは、彼が化学物質を彼女に投げつけたことで傷ついた背中を見たかったからだと分かる。以前、美智子が保健室で治療を受けていた時、保健医は怒りながら健を彼女の側に引き寄せて、その傷を見せようとした。しかし、健はただ恐怖を感じて、一方的に避けていた。今回、健は自ら彼女の背中を見ることを選んだ。その真の悔いと謝罪が、ここに窺える。

好きな相手の注意を引きたいと思っているのにもかかわらず、その行動は常に暴走している――全てがまるで台風によって引き起こされたかのようだ。「お前、最近変だな」と言う男子生徒・三上は、自身の生死に苦悩しているが、会話をした女子の異常を感じ取ることができる。実際に、プールで遊んでいた女子たちの行動は行き過ぎており、泳いでいた男子生徒・明を溺れさせそうになった。

喧嘩や戯れに明け暮れる、顔に奇妙な化粧を施す、自分の家のドアを出入りしながら、「ただいま」と何度も繰り返す。このような理解不能な行動を全て、青春期症候群に帰結させるのならば、全ての登場人物がそれぞれ一つ代表的な症状を持っていることになる。たとえ頻繁に集まっていても、彼らの喜びも悲しみもそれぞれ異なる。つまり、相米慎二が描いているのは、青春の集団像でありながら、画面全体を透明に覆う孤独さでもある。

相米慎二は、人物を隔たりのある構図の中に置くことがあるが、それによって観客も彼らを近くで見ることができなくなる。たとえ、あなたが青春の経験者であっても、彼らを完全に理解することはできない、ということだ。経験者に注目するならば、三浦友和が演じる教師と生徒たちとの、近いとも遠いとも思える関係も非常に興味深い。彼は、未来の義母が教室に乱入して結婚を迫る様子を、うっかり生徒たちに目撃されてしまうことがあった。問題児たちを抱える彼は、すでに問題をごまかすことのできる能力を身につけている。生徒が電話で彼に口答えすると、彼は酒に酔って大人の真実を口にする。お前らも15年後には私のようになるだろう、と。

この教師は32歳である。これは、本作品を制作した時の三浦友和の年齢に近い。まさに青春の真っ只中のハンサムな青年であり、自分の問題に少しずつ対処しながら、いつでも消防士として あちこちで火消しをしなければならない。彼が明の溺水事件の原因を調査する場面で、明が「最初、パンツ脱がされちゃった」と言うと、彼は笑いをこらえる。これは経験者だからこその笑いである。このような反応は、山口百恵との純愛劇を演じている三浦友和にはあまり見られないもので、彼が有する演技力の別の一面を見せてくれた。

青春期前半の子供たちには、大人からの気遣いや説教よりも、カメラの無言の追跡の方がよほど自然であり、時に慰めも与えてくれる。相米慎二はこのことを理解していたようだ。美智子が保健室で治療を受けている時、カメラは外から窓を通して中を撮影している。窓の前景に斜めに映っているのは、暖かい色調のピンク色の花である。
同様に、「死は超越である」という考えを最後まで捨てられない三上について、彼の死の過程はカメラの配置によって、別種の青春の別れのように描かれている。彼は最初、教室の一角に縮こまっており、次第に思考し、行動し、椅子を一つずつ積み重ねる。自分の死を冷静に告白する、その孤独な姿が常に折り鶴に囲まれている。

死というものに、舞台の演出のような意味があるならば、それは必然的に映画の真実がもたらす衝撃を軽減させるだろう。ゆえに、このシーンの後の晴天は硬さを感じさせない。これは、新たな朝であり、陽光は明るく、学校への道で、死んだ三上の代わりに理恵と一緒にいるのは、明なのである。
「背伸びたんじゃない」「ずいぶんおっきい感じ」という発見に伴って、笛の音が遠くから聞こえてくる。空き地の水たまりは、青春の嵐の記憶となる。

台風が過ぎ去り、何も起こらなかった。

この映画を再び観た後、心の中に突然このような言葉が浮かんできた。もし自分だけの字幕バージョンを作ることができるなら、私はこれをエンディングに表示したい。特別な字体で、行間をあけて並べよう。

台風クラブ論

文　八幡橙

巧妙な《だまし絵》。
何が見えるだろうか——？

相米映画の底にある《真実《ほんとう》》は、いつだって遠い。人物の顔をはっきりとは映さないどころか、何らかの障害物で視界を遮ることさえ、ままある。例えば恭一の部屋で兄と、遊びに来ていた理恵が3人で語らう場面。カメラは窓の外から見据えるが、ギザギザした変な窓枠が邪魔をして、3人の微細な表情までは読みづらい。その上、東大生の兄に恭一が訊ねる「個は種を超越できるのか?」という禅問答めいた問いや、逆に兄が弟に投げた「将来何になるつもり?」に対する「エゾカモシカ」という突拍子もない答えなど、交わされる言葉までもがやけに哲学的で咀嚼しづらい。映画サイトのレビューにも〝難解で何が何やらわからない〟といった声が散見されるように、数ある相米映画の中でも、こと「台風クラブ」は一種の実験、あるいは企みにも似た《真実隠し》が施された映画と言えるかもしれない。いや、思い切って断言しよう。「台風クラブ」は《だまし絵》だ。一枚の同じ絵でありながら、見る人によって老女にも若い娘にも取れる、あの有名な《だまし絵》のごとき映画なのだ、と。

自分自身、まだ10代の頃に初めて観た時の感想は、「よくわからないけど面白い」といったふんわりしたものだったと思う。それから随分時が過ぎ、大人の階段を無駄に何周も上って廻って時にずるずる滑り落ちながら今再び鑑賞し、唖然とした。思っていたような映画じゃ、全くなかったからだ。もっと軽くて、シニカルで、ほくそ笑むような映画だったはずなのに、それはちゃんと重くて、予想外に切実で、きりきりと心の奥を突っついてくる映画だった。工藤夕貴演じる理恵が学校の前で思わず座り込む、あの場面で理恵が背負っていた、大量の雨粒を孕んだ、鈍く不穏な雲そのものみたいな映画だと、改めて気づいたのだ。そう言えば、デビュー作「翔んだカップル」公開時に相米慎二は、「本当はもっと冗談にしようと思った」と語っていた。もっと軽いほうが悲しくなったはずなのに、貫き切れなかったという心残りが如実に滲む。それ以降彼は恐らく、描きたい深いテーマこそ極力まっすぐ映し出さずに奥に秘めようと己に課していたのではないだろうか。

「翔んだカップル」の円広志と同様に、「台風クラブ」も三浦友和演じる担任の梅宮以外、大人らしい大人は登場しない。子供だけのコミュニティを描くことで、大人が慣れ切っている歪んだ常識や理屈、方便というものが、大人側の言い訳を介することなく自然に、客観的に浮かび上がってくる。この特殊な状況で密かに注目すべきは、大勢いる子供たちの中で誰よりも早く全体を、先を、見通している存在だろう。「翔んだカップル」でいえば、中山わたる（尾美としのり）。片思いしている圭が、勇介と同居していることを知り、嫉妬から学校に密告することを思いつく中山の路上における独り語りは忘れられない。優等生であるがゆえに、物事の奥の奥を見据える彼の苦悩は、ラスト直前の《人間モグラ叩き》シーンの泣き顔となって、いつまでも胸に刻み付けられている。

そして、「台風クラブ」で中山の役割を担うのが、理恵が思いを寄せている三上恭一だ。演じる三上祐一が、「翔んだカップル」の主人公・田代勇介役の鶴見辰吾の実弟であるというのも、両作にどこか因縁めいた繋がりを感じる所以か。正直、最初に観た時は水着や下着姿で踊りまくる少女たちや、次々に起こる異様な状況に面食らって完全に見過ごしていたが、これは恭一の目から見た世界なのだと初めて思った。プールで溺れかけた明に人工呼吸する冒頭から、翌朝の理恵との登校、梅宮の恋人の母親や叔父が教室に押し掛けるひと騒動、健の家で見かけた廃人のような父親の存在、健が一人延々と繰り返す「ただいま、おかえり」、家出する理恵、理恵の家族と職員室で電話する梅宮、美智子を執拗に追い回す健、嵐の中教室で踊り狂う自分以外の生徒たちの乱痴気ぶり……、こうした一連の流れを定点からじっと見つめる恭一の表情は、驚くほど逐一、はっきりと映し出されている。彼が理恵の家出のみならず、他のみんなも家に帰らないと家族が心配するのではないかと気を揉んだり、「帰ろうと思っても足が動かないんです」と梅宮に内心必死で電話したにも拘わらず、「お前も15年経ちゃ今の俺になるんだよ！」と酔いに任せて暴言を吐かれ絶望したりする過程が、少しずつざわめきを強める雨や風のようにじわじわと、繊細に映し出されているのだ。一つ一つ拾い集めてみると、それはあたかも最後、恭一がこつこつと積み上げていった机や椅子のごとく、最終的には視界を覆い尽くすほどの高さになっていることがよくわかる。

嵐のあの日、恭一なりにあれこれと考え、行動にも移した。理恵の家出について一人悩み、大人に救いを求め、梅宮のようには絶対にならないと宣言し、挙句みんなと一緒に服を脱ぎ捨てて踊ってみたりもした。そこで彼は悟ったのだ。こんなことをしていても仕方がない。いつの間にかきっと、自分も15年を待たずして梅宮のようになってしまうに違いない。そうして彼は、ついに彼なりの結論に至る。死は生に先行し、生きることの前提であるのに、俺たちには厳粛に生きるための厳粛な死が与えられていない、だから俺が死を見せてやろう、と——。

この一連を、最初から恭一目線でまっすぐ描いたならば、きっと陰惨で、もしくは変に着地だけ美しい、よくある中二病（そんな言葉は当時なかったし、実際には中三だけど）の映画にしかならなかっただろう。その罠に陥ることなく、相米慎二は巧妙に、鮮やかに煙に巻いて見せたのだ。目を凝らしてみると、《真実》は随所にちりばめられている。「翔んでみせろ」や「もしも明日が…。」といった曲のタイトルや歌詞の中に。黒板に貼られた《目標のある人間はくじけない》とか、積み上げた机の前で恭一が一人嗚咽する場面で折り鶴の短冊に見える《自主性のある人間になろう》といった言葉の中に。そんな嘘くさいまでに前向きなフレーズが、意味を失いつつある流行歌のメッセージと共に、サブリミナル的に底知れぬ虚無へと誘《いざな》ってゆく。

それでもまだ《真実》は遠い。これは《死》を描いた映画なんかじゃなく、《生》の映画なのだから。残された彼らはきっと生きてゆく。あの日のように溜まった鬱憤を酒の力や折々の台風で吹き飛ばしながら……。と、かようにつらつら考えてみても、答えなど見つけ切れない。軽やかな映画にも、ばかばかしい映画にも、恐ろしい映画にも、感動の映画にも見える「台風クラブ」という名の巧妙な《だまし絵》。２０２３年の今、あなたには何が見えるだろうか――？

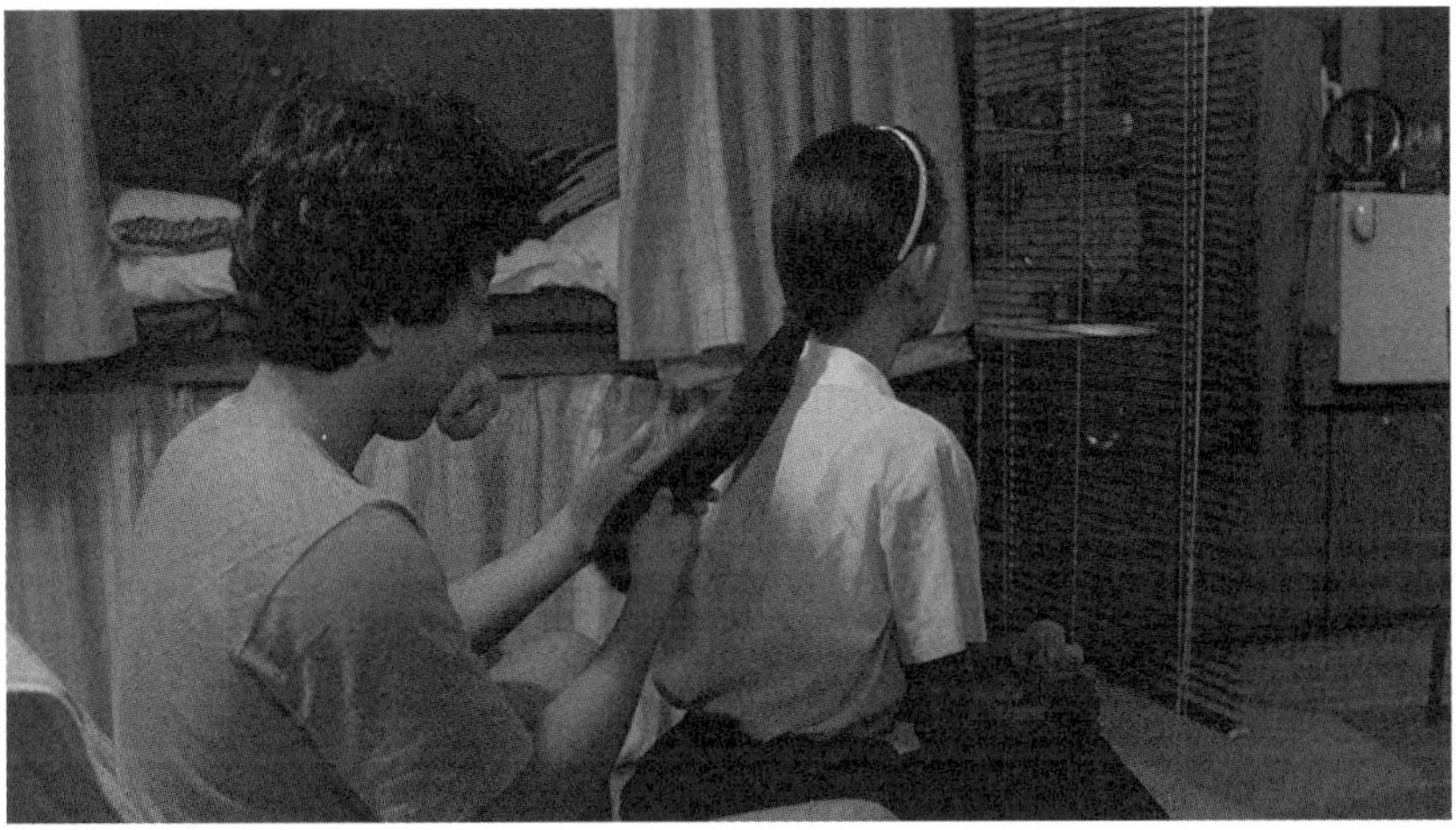

台風クラブ論

文　金原由佳

10代の昂《たか》ぶりを描くと同時に、
欲望の萎える瞬間を積み重ねる

「それで『台風クラブ』の上映の壇上には誰があがるんだ？」

「相米慎二監督が亡くなられているので誰もあがりません」

「それはダメだ。『台風クラブ』はディレクターズ・カンパニーの顔であり、最もディレカンの色が出た作品なんだ。誰かがそのことについて語らないというのはあり得ない。誰も出ないなら俺が出る」


２０２２年10月26日、国立映画アーカイブ、東京国際映画祭（TIFF）主催による「長谷川和彦とディレクターズ・カンパニー」特集が開始して2日目の夜、長谷川和彦監督が市山尚三プログラミング・ディレクターにそう主張するのを目の前で見ていた。「台風クラブ」はTIFFの日本映画クラシック部門での上映が同月28日に決まっており、急遽、長年、相米の助監督を務めた榎戸耕史監督に上映後のトークイベントの登壇を願い、当日、サプライズ出演をすると言っていた長谷川監督の登場をギリギリまで榎戸監督と待ったが体調不良で現れず。来ていたら１９８２年６月、長谷川和彦が８人の新進監督たち（相米慎二、根岸吉太郎、高橋伴明、井筒和幸、池田敏春、大森一樹、石井聰亙、黒沢清）に声をかけて作った映画監督集団「ディレクターズ・カンパニー」設立40年に当たる年に、改めて、発起人の長谷川の口から「台風クラブ」の位置づけが語られただろうが、それは次の機会へと流れていった。ディレカンが標榜した映画監督たちが自分たちの撮りたい企画を、映画監督主導で作ること。それは２０２３年の現在、映画監督への著作権所有が認められていない日本の映画産業の先んじた悲願と主導性であり、「台風クラブ」はディレカンの第一回公募シナリオで準グランプリを取った作品である。

相米は1994年のインタビュー※1で「俺以外は誰も映画にするとは言わなくて……つまりおっちょこちょいだったんだな」とはぐらかしているが、それを鵜呑みにするのは危うい。2011年発行の「蘇る相米慎二」※2で、黒沢清監督が、自分で映画化を望んだが、相米が先に声を上げたことで譲ったとの発言をしているからだ。台風到来の予感と気圧の変動に鋭敏に反応する中学3年生の群像劇に相米と黒沢が前のめりになったのは、ふたりとも「変容」を描く作家である点で納得する。ただ、相米が映画作りに感応した俳優の能動的な感情の発露を粘り強く引き出した演出家であるのに対し、黒沢は人が無意識にその身に引き受ける殺意、不安、恐怖、憎悪といった自分の意志ではコントロールできない内面の様変わりを繰り返して描く作家であることから、表現のベクトルは正反対と言える。いっそ競作が実現していれば、日本映画史はさらに面白い事になっていたに違いない。

榎戸は前出のTIFFのトークイベントで、当時、東京藝術大学の現役の大学院生だった加藤祐司の脚本に相米が「面白い！」と食らいついた理由の一つとして、「脚本は空気を書き、撮影現場で脚本を書き、仕上げで映画を作る」と当時の相米が常々語っていた言葉を用いた。加藤の脚本が醸す、台風前夜の嵐が近づいてくる不穏な空気感。それは夜の学校のプールでの明の溺没に始まり、担任の梅宮の交際相手の母親とおじが教室に乱入し、その後、明が放課後の教室で泰子と由美のネッキングを目撃し、言ったら殺すと泰子に脅されながらも明があっさりその件を健と恭一に告白し、その後、理科の実験中、健が思いを寄せる美智子の背中に熱した金属片を入れ、暴風雨圏内に入って教師たちが不在となった学校内で、健が美智子を執拗に追いかけ回すという性的な昂ぶりが、有機体のごとく学生間に連鎖していく様を見せることで熟成されていく。その絶頂が、台風到来のその夜、制服を脱ぎ捨て、雨を浴びながら踊り明かす、かの有名なシーンとなる。

だが、加藤の脚本を丹念に読みこむと、実は相米は、10代の昂《たか》ぶりを描くと同時に、欲望の萎える瞬間を描いていることにも気付かされる。一見、コントロールし難い欲望も、必ず萎える時が来る。人や自然を飲み込む凄まじい威力を持つ台風であっても、あるタイミングで勢力を落とし、いずれは消滅してしまう。昂ぶりの高揚に目が行きがちだが、萎えることもまた救いであることを相米は示しているのだ。

冒頭のシーン5、溺れて意識を失った明の腰から健がタオルを剥がし、明のペニスが勃起していることにそこの場にいる一同が気づき、困惑するシーンが象徴的だ。物語の構造において、台風の強弱と同調して各登場人物の男性器のエレクトとその萎みの光景が何度も繰り返される。授業中に乱入し、生徒たちの前で自分を誹謗した恋人順子の母親の件で、夕食時、梅宮は順子の股間を足先で弄りながら責めるが、順子は梅宮をやんわりと拒絶し、正座して相手の気を削ぐ。美智子を構内で追い回す健の興奮も職員室で美智子のブラウスを衝動的に破った結果、彼女の背中の傷を見るに及び、一気に萎える。加藤の脚本には、台風の最中、東京へと行った理恵が、そこで出会った小林の家についていき、小林に体を弄られる場面があるが（シーン135から137）、理恵は恭一のことを延々と話し続け、小林をひるませる。そして、その場面を、相米は撮影をしたのかしなかったのか、バッサリと割愛し、その代わり、脚本にはなかった雨の商店街で、オカリナを吹く摩訶不思議な人たちと出会う理恵の夜の大冒険へと誘う。ならば、私達観客は、恭一の教室から校庭へのダイブも、泥沼と化した校庭が落下の衝撃を受け止めたことで、死に至るエクスタシーには達せず、未遂として萎んだと捉え直すべきではないか。実際、2021年のユーロスペースでの特集上映の際、「台風クラブ」を見終えたばかりの大学生たちが、「最後、恭一が生きていて良かった。足がピクピク動いていたもんな」と安堵する解釈を交わしていた姿を覚えている。「台風クラブ」の男たちの性欲は、強引な性行為の達成や射精にまでには至らないところに、おかしみが醸し出されるように相米は編集、構成をしている。（この射精できない男は遺作「風花」の浅野忠信演じる文部省の官僚・澤城廉司へと転生する）。台風と一体化し、自身を解き放つ喜びは描いても、誰かを傷つけ、欲望を満たすことは絶妙なタイミングで徹底的に避けられる。この映画は永遠だ、と信じる寄る辺はそこにある。

※1「相米慎二　最低な日々」
※2「蘇る相米慎二」（インスクリプト）355頁
※3東京国際映画祭 YOUTUBE チャンネル「助監督・榎戸耕史が明かす『台風クラブ』製作秘話―"Typhoon Club"」より
https://www.youtube.com/watch?v=O0P4I6L5FIg&t=10s

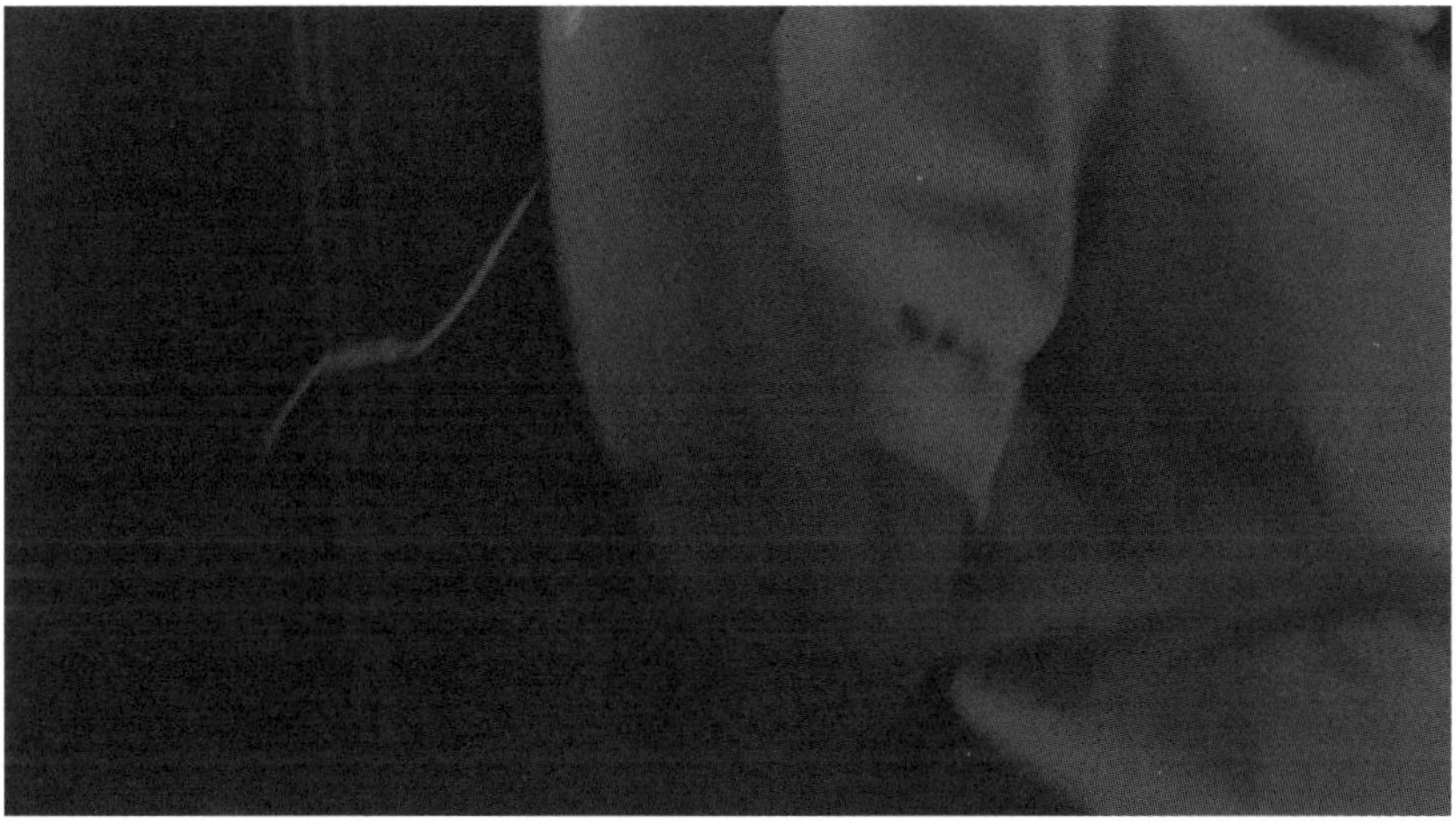

フィルモグラフィ 13作品

1980	翔んだカップル
1981	セーラー服と機関銃
1983	ションベン・ライダー
1983	魚影の群れ
1985	ラブホテル
1985	台風クラブ
1985	雪の断章 ―情熱―
1987	光る女
1990	東京上空いらっしゃいませ
1993	お引越し
1994	夏の庭 The Friends
1998	あ、春
2001	風花

1948年1月13日、岩手県盛岡市で生まれた。中央大学文学部に進学、1972年同大を中退、長谷川和彦の口利きで契約助監督として日活撮影所に入所した。長谷川や曽根中生、寺山修司の元で主にロマンポルノの助監督を務めた。助監督時代には杉田二郎のペンネームも用いている。1976年にフリーランスとなる。1980年、「翔んだカップル」で映画監督としてデビュー。1982年6月、長谷川和彦、根岸吉太郎、黒沢清ら若手監督9人による企画・制作会社「ディレクターズ・カンパニー」(ディレカン)を設立。1985年の「台風クラブ」は第1回東京国際映画祭(ヤングシネマ)でグランプリを受賞。1998年の「あ、春」は1999年度キネマ旬報ベストテンの第1位に選出されたほか、第49回ベルリン国際映画祭で国際映画批評家連盟賞を受賞した。2001年、小泉今日子主演の「風花」を発表。一方で、1985年より数々のCMの演出を手がけ、また1991年と1993年には三枝成彰作曲のオペラ「千の記憶の物語」の演出を担当している。2001年10月には舞台初演出となる「Defiled」の上演、また翌2002年には自身初の時代劇での監督作品となる「壬生義士伝」の映画化を予定していたが、2001年9月9日、死去。53歳であった。没後は青森県三戸郡田子町相米地区にある先祖代々の墓に埋葬され、同地区には「相米慎二慰霊碑」が建立された。

PROFILE
相米慎二
写真　佐野 篤

わたし嫌なんです。
閉じ込められるの。
閉じ込められたまま
年とってそれで
土地の女になっちゃうなんて、
耐えられないんです。

……お母さん。

たぶん僕が一番早く雨を見た。

遊動雲に乗って
夏休みは行ってしまった。
さよならの代わりに
素晴らしい夕立をふりまいて。

いいか若僧、お前は、
今はどんなに偉いか知らないが、
あと15年たてば
俺と同じになるんだ。
あと15年の命なんだよ。

おれ、わかったんだ。
なぜ、理恵が変になったのか。
なぜ、みんながこうなってしまったか。
おれは、わかった。

台風クラブ
〔決定稿〕

シナリオ「台風クラブ」

加藤祐司

スタッフ

監督	相米慎二
企画・製作	宮坂進
プロデューサー	山本勉
脚本	加藤祐司
撮影	伊藤昭裕
照明	島田忠昭
録音	中野俊夫
美術	池谷仙克
音楽	三枝成彰
編集	冨田功
効果	小島良雄
記録	今村治子
製作担当	田中雅夫
助監督	榎戸耕史

出演

三上恭一　三上祐一
清水健　紅林茂
山田明　松永敏行
高見理恵　工藤夕貴
大町美智子　大西結花
宮田泰子　会沢朋子
毛利由美　天童龍子
森崎みどり　渕崎ゆり子
英夫　佐藤允
清水留造　寺田農
岡部（用務員）　伊達三郎
八木沢順子　小林かおり
八木沢勝江　石井富子
梅宮安　三浦友和

1 市立大田中学校・プール（夜）

暗やみの中に黒々とたゝずむ水。

時おりポシャッと魚のはねるような音。

Ⓣ――木曜日

近くを車の通る音。

一瞬よぎったヘッドライトの光は、プールの中央に小さな後ろ向きの坊主頭を映し出す。

が、またもとの暗やみ。坊主頭も浮き沈みしながらどこかへ消える。

静寂。

風もない。

突然、激しく聞こえてくるロックのイントロ。

プールに備えられた夜間灯が一斉に点く。真昼の明るさになったプールサイドに、

「ヤェーイ」

と声を上げて5人の女子生徒が更衣室からなだれ出て横一列に並ぶ。

森崎みどり（15）才、持っていたラジカセをフェンスのそばに置く。

競泳着の少女達、ロックのリズムに合わせて手を振り、上体を曲げ、足を振り上げて準備体操を始める。

中央でのびやかに手足を動かす長身の宮田泰子（15）才。

その左側で嬉しそうに顔を見合わせる毛利由美（14）才と高見理恵（14）才。

泰子の右側で音楽に没頭しながら体をくねらすみどり。

他の4人から少し離れて忠実に体操をしている大町美智子（15）才。

ワンコーラスがようやく終わる頃、理恵、動きを止めて水の中をのぞき込む。

音楽やむ。

他の者達も気づき、ヘリに集まる。

理　恵「（指をさし）ねえ、あれ」

美智子「山田君じゃない？」

由　美「ほんと、あきらだ」

水面から坊主頭を出す山田明（14）才。

全員の表情がパッと明るくなる。
みどり「やだー。あきらだって」
泰　子「ふーん。いいじゃん。おもしれえじゃん」
水の中でじっとしている明。

2　道（夜）

両側に田畑が広がる細い田舎道。

野球のユニフォームの白い影が2つ駆けて来る。背番号1をつけた三上恭一（15）才と7番の清水健《けん》（15）才。

二人の髪の毛は坊主から少々のびている。

3　商店街（夜）

両側の店並にはシャッターが降りている。まばらに立つ街灯の下、恭一と健が黙々とランニングをする。

4　大田中学校門前（夜）

閉まっている鉄製の扉。

その扉を乗り越えて制服姿のみどりが表へ降り立つ。

髪が濡れている。

あたりをキョロキョロ見回し、立て掛けてある自転車にまたがってペダルを踏む。

反対側から駆けて来る恭一と健。

みどりを見つけて軽く右手を上げる。

みどり「（自転車を止め）あっ三上君。……ちょうどよかった。大変なのよ。ちょっと来て」

恭一と健。怪訝な顔を見合わせ、みどりの後に従う。

みどり「（元来た鉄の扉によじ登り）すごいんだから。よいしょっと。悲惨なのフフ。（と小さく笑う）」

5　同・プール

明。プールサイドにあお向けて横たわ

る。目を半開きにし、ぐったりと。腰のあたりにバスタオルが掛かっている。
心配そうにのぞき込む理恵、泰子、美智子、由美。
みどり、恭一と健を連れて来る。
健「何やってんだよ、お前ら」
理恵、恭一を見てワッと泣き出す。
恭一「(チラッと理恵を見ると明のそばにより)どうしたんだ、これ……」
女達「……」
健「こいつ死んでんのか」
恭一「(明の胸に手をあてる)んー、まだちょっと生きてる」
美智子「溺れたみたいなのよ」
健「ヘエー(明の足をけとばしてみる)」
明、動かない。
美智子「(恭一に)どうしたらいいと思う」
恭一「そうだな。おれ、人工呼吸やってみようかな」
美智子「ああ、やってみて、やってみて。何でもやってみて」
恭一「(明の上にまたがり、ゆっくりと胸部を押す)これ、夏休みに教わったばっかりなんだよな。(明の表情をうかがう)後でマウストゥーマウスもやっちゃおうかな」
美智子「うん、やっちゃって」
健、暇そうに明の腰にかゝっているタオルをめくってみる。
女達、急に目をそらす。
明の裸の下半身がチョコンと顔を出す。
健「(慌ててタオルをかけ直す)どうなってんだ、これ(女達を見る)」
女達「……(顔を見合わせる)」
健「こいつノーパンで泳い」
美智子「(さえぎって)やっぱり医者呼んで来ようか」
みどり「医者より先生呼ぼう」
泰子「何言ってんだよ。やばいよ。先公なんて」
恭一「大丈夫だよ、あの人なら。(明の鼻をつまんで口に息を吹き込む)理恵。泣いてないで先生呼んで来いよ」
理恵、涙をふいて立ち上がる。

みどり「あ、いいよ、いいよ。あたし行くから」

6　電話ボックス

二回コールの後カチッという音。

みどり「(髪をなでつける)あ、もしもし」
梅宮の声「はい。……もしもし」
みどり「もしもし」
梅宮の声「はあ?」
みどり「あの、先生?」
梅宮の声「は?　もしもし」
みどり「先生でしょ。わたしは誰でしょう」
梅宮の声「え?」
みどり「先生。誰か当ててみて」
梅宮の声「順子だろ」
みどり「順子?　誰よそれ」
梅宮の声「違うの?」
みどり「違うわよ」
梅宮の声「一体、どちら様でしょうか」
みどり「何言ってるの。いいから来て。急用なの。学校で待ってるから(受話器を置き、首をかしげる)」

7　中学校・プール

明、上体を起こしてヘラヘラ笑っている。
と、その頭をポンとこづく梅宮の手。
梅宮安《やすし》(34)才。背広にネクタイをしめている。その回りを囲んで立っている女生徒5人に恭一と健。

梅　宮「(明に)夜中に学校入ったらだめだって(もう一度こづく)言っただろうが。(急にみどりを向く)お前もな、電話ぐらいちゃんとできねえのかよ。誰だかわかんねえから、(ネクタイを引く)こんなかっこうして来たじゃねえか。お前らほんとにろくでもねえな。(健に)で、こいつに何したんだ、お前ら」
健「あ!　おれ関係ねえよ。(女達をさし)こいつらだよ」
梅　宮「(明に)何されたんだ」
明「……泳いでたら泰子たちが来て……(泰子をチラッと見る)最初、パンツ脱がされた」

8　インサート・水の中

素っ裸の明が必死にもがいている。

その右足首にまきついているコースロープ。ロープをたどると、その端を泰子がグイグイ引っ張っている。

周りで笑っている由美、みどり、理恵、美智子。

梅宮の声「そんじゃ、死んじゃうだろうが」

9　田舎道（夜）

明を荷台に乗せて、梅宮が自転車を走らせる。

その後方を行く恭一と健。


健「うちのクラスの女って……残酷だよな」

かえるの鳴き声と、近くのバイパスを通る車の音が混じって聞こえて来る。

自転車がじゃりの上をピョコピョコはねる。

健、スピードを速めると自転車に追いつき、いきなり明の顔をなぐる。

健「お前も女になんか、やられてんなよな」

10、山田家・前

立派な門に豪奢な家。農家らしく納屋の前にトラクターが止まっている。

梅　宮「（自転車にまたがったまゝ）さて困ったぜ。……何て言おうかな……」
健「（明に）お前のおふくろ、うるせえからね」
梅　宮「女生徒に沈められたとも言えんしな」
健「（にやけながら）パンツ脱がされたなんて、絶対言えねえな」
梅　宮「……よし。おれが通りかゝったら、お前ひとりで溺れてたって事にするか。（明の肩をたたいて）なっ」
恭　一「先生。ぼく行って来ましょうか。先生とは無関係な事として話しますから」
梅　宮「なるほど。それはいいな」
明「（荷台から降りてよろける）いゝよ、おれひとりで（ふらふらと門の中へ入っていく）」
梅　宮「あっ大丈夫か、お前。まだ良くなってねえんだぞ」

明　「（口の中でぶつぶつと）大丈夫だよ。うえーっ（吐き気）」
よたよたと玄関にたどり着き、ドアのノブを引く明。
一瞬、家の中から強い光りがもれ、明、その中に消えてドアが閉まる。
暗闇。

11　真っ青に晴れ渡った空

12　団地（朝）

5階建てのアパートが7・8棟並ぶ。
背後から山林がおしよせている。
Ⓣ――金曜日。
各棟の入口からポツポツと人が出かけて行く。

13　同・アパート入口

制服姿の恭一、壁にもたれて文庫本を読みふける。
その顔を斜めに照らす朝日。
理　恵「（入口から出て来る）おはよう。ごめんね、遅くなって。おかあさんうるさくて」
恭　一「うん、行こうか（文庫本をかばんにしまう）」
二人、手をつないで歩き出す。
理　恵「ねえ、おこってるわけ？　きのうのこと」
恭　一「おこっちゃいないけど。ちょっと」
理　恵「ちょっと何。ちょっと軽べつした？」
恭　一「泰子達とあんまりつきあうなよ」
理　恵「あっ、違うの。昨日は美智子が珍しく泳ごうって」
恭　一「同じだよ。……おれ、嫌いなんだ、ああいうの」
理　恵「ごめんなさい……。（急に笑い出す）でもおかしいの、明って。見ているうちに、段々本気になっちゃった」
恭一、理恵の手をふりほどいて先に歩き出す。
理　恵「あっ、ちょっと三上君」

14　バス停
恭一が来ると、反対側からバスが来る。
列の後部に並ぶ恭一。
バスのドアが開いて順々に乗り込む。
理恵「(走って来る) ねえ、三上君。ねえっ」
恭一、無視して乗り込む。
理恵「ねえったら。ねえ」
急に　突風。
「いやっ」、と小さくなってスカートをおさえる理恵。風止む。
理恵「ねえっ、台風来るんだって」
メイン・タイトル「台風クラブ」
理恵、乗り込む。
ドアが閉まり、バス発車。

15　クレジット・タイトルバック
車窓から見た風景。住宅街をぬけると国道にぶつかる。国道沿いに走ると黄色く実った田が見える。路肩に止まっているトラクターとすれ違う。信号機で左折する。寺や幼稚園のある坂道を登って商店街。それをぬけて中学校前の停留所。その間に5・6回停止。

16　大田中学校。正門
朝の登校風景。
新築の大きな校舎。ガラス窓がやけに目立つ。右側にプール。
校門を入る恭一と理恵。

17　プール

18　3年5組教室
健。ほおづえをついて、斜め前の美智子の横顔を眺めている。授業中。

梅宮の声「いいか。こういった面積を出す問題の場合、まずそれに必要となる辺の長さとか、この辺とこの辺の角度とかを見つけないとだめだ。そこで出てくるのが三角形の合同とか相似とかいった事よ」

健。見つめている。

美智子の髪の毛。首。肩。腰。足。

健。横から鉛筆で腕を突つかれ、そちらを振り向く。

明、両方の鼻の穴に鉛筆を4本ずつさし、得意そうに腕組みしてほほえんでいる、

健「ヒ、ヒ、ヒヒ（息を殺して笑いながら）もう1本入るか、入れてみろよ」

明、うなづいてもう1本ねじ込もうとするが、なかなか入らない。そのうちに手から鉛筆がすべり落ちて、机の下に転がる。それを拾おうとして身をかがめる、明。

鼻の穴からぶら下がる鉛筆、身をかがめたために机とつっかえ棒になって、鼻を突く。

明「フギャ！（慌てて鉛筆をぬくと鼻血がタラーと落ちて来る）」

健、必死で笑いを抑える。

梅宮「（教壇で）こらっ。誰だ、明か？……何やってんだお前、鼻血出して。人の話聞いてんのか、一体。ちゃんと聞いてろよ。百姓の子供達」

全員、明を見やる。

恭一（窓ぎわ）、ちょっと見てちょっと笑う。

19 校門

八木沢順子（29）才、勝江（51）才、英夫（48）才。

もめている。

20 5組教室

恭一、校門の様子を窓越しに眺める。

21 校門

順子「やめてよ、かあさん。授業中じゃない（勝江の袖をつかむ）」

勝江「（ふり払って）英夫さん。早く」

英夫「でも、ちょっと可哀想な気もするなー」

順　子「そうよ。（英夫に）やめて、おじさん、お願い」

勝　江「（英夫に）何言ってんの。あんた明日帰んじゃないの。いいからはやく（どんどん入口の方へ歩いて行く）」

順子、英夫、後を追う。

22　5組教室

明、鼻の穴にティッシュをつめて立っている。

梅　宮「（明に）どうした、わかんねえのか」

明の尻を、健、とがった鉛筆でつっついている。

梅　宮「よし、じゃあなー（黒板をチョークでたゝく）こゝにひとりのお百姓さんがいるとするだろ、お前のとうちゃんよな。彼は、この3つの三角形の畑のうち、一番大きなものを選びたい。どれだ」

明「……。（つっつかれる）いてっ。……B」

梅　宮「B？　Bなんて選ぶんだろうが。お前のとうちゃん、欲の皮つっぱってんだろうが。あん。（ノックの音）はい」

扉を開けて用務員の岡部（57）才、顔をのぞかせる。

梅　宮「なにか？」

岡　部「先生、ちょっと（手招き）」

梅　宮「なんですか？（扉の方へ行く）」

勝　江「（入って来る）あんた。今日こそ、はっきりしてもらいにきたからね」

梅　宮「な、なんですか。今、授業中ですよ」

勝　江「なに、しらーとした事言ってんの。生徒らにも聞いてもらえばいいでないの。自分がどんな事したか」

恭一。（きょとん）

明。（〃）

健。（〃）

勝　江「（英夫入って来る）きょうは水戸の弟にも来てもらったからね」

梅　宮「ちょっと待って下さい。授業終わったら聞きますから」

勝　江「待って下さい、待って下さいって、あんたいっつもそれよね。娘もう29よ。いつまで待てると思ってんの」

梅　宮「だから、この間も言ったでしょう」

勝　江「何言ったの。あたしは聞いてないよ。あんた一体いくつになるわけ」
梅　宮「34です」
勝　江「34の男が何待ってるって言うのよ。死ぬの待っているわけ」
岡　部「まあまあ。（割って入る）（勝江に）梅宮先生は、教育熱心だから、ほれ。子供たちの将来とか、学校教育のこれからとか、いろいろ……」
勝　江「（岡部に）あんた、何フガフガわけのわかんない事言ってるの」
岡　部「フガフガとはなんだ。フガフ」
英　夫「ちょっと。ちょっと待って、ちょっと。あのねー、姉さんは何も結婚がどうので学校まで来たわけじゃねえんだ。（梅宮に）あなたは順子に相当貢がせたって言うじゃねえか」
勝　江「１００万以上よ。１００万」

23　窓の外（俯瞰）

　　グランド。順子がサッカーボールをけって遊んでいる。

英夫の声「それはどういう事なんだ」
梅宮の声「誤解ですよ」
勝江の声「何が誤解よ。あんたもしゃあしゃあとよく言うねー」

24　5組教室

　　恭一、窓の外を見ている。

勝　江「あんたそのネクタイ。それどうしたの」
梅　宮「（ネクタイをさわる）あー」
勝　江「もらったんでしょ。順子に。あたしちゃーんと見てんだよ、引き出しに入ってたの。あんた男なの。こんな教師に教わってっから、今の子供はろくでもないのよ、ほんとに」

　　理恵、
　　みどり。
　　美智子、梅宮をじっと見つめる、
　　由美。
　　泰子、ふてくされている。

勝　江「あれ！　順子どこに行った。（外に出る）順子」
梅　宮「とにかく教室出て下さい。（英夫に）お願いします」

英夫、岡部、去る。

梅　宮「三上。問4から続けてやらせておけ（出て扉を閉める）」

恭一、立つ。と、同時に終了のベルが鳴る。

25　グランド

順子。

英夫、来る。肩を抱いて校舎に向かう。

見上げる。

2回の窓から顔を出している生徒達。

26　用務員室

四畳半。勝江、梅宮、向かい合って座る。

岡　部「（茶を入れながら、嬉しそうに）こゝならだいじょうぶだから。誰もこないから。ゆっくりできるって」

順子、入って来る。

梅宮。

順　子「（下を向いて）ごめんなさい」

27　屋上

由　美「やなもの見ちゃったな」

泰　子「あいつバッカじゃねえか」

みどり「……先生、かわいそう」

泰　子「（みどりに）お前、おかしいんじゃねえか」

みどり「だって、（目をこする）かわいそうじゃない。あんなババアに言いたい事言われて（だんだん）顔がゆがむ」

28　5組教室

恭一、机に向かって問題を解いている。

隣に理恵。窓から顔を出し空を見上げる。

教室の後ろ。大柄の古沢が明の腕を後ろ手にねじ上げている。健、明の足を持ち上げようとしている。

明　「（足をバタつかせている）やめろよ。（ねじ上げられて）いてっ。よせよ」
健　「おとなしくしろ。好きなんだろ。いてっ、
（なぐる）つれてってやるって言うのに」
理　恵「（空を見ながら）あーあ。台風来ないかな。
（恭一に）ねえ」
恭一、問題集に没頭。
理恵。つまらない顔。
入口近く。恭一と理恵を見ている美智
子。

29　屋上

由　美「あーあ、最近やなものばっかり見る」
泰　子「どうした」
由　美「バアさん死にそうでさ。やんなっちゃう
よ」
みどり「おかあさん？」
由　美「うぅん（首をふる）。バアさん」
健、古沢、ひきずるように明をつれて
来る。
健　「おーい泰子。明が話しあるってよ」
明　「ないよ。よせよ。やめろったら」
古沢、明をつきとばす。
明、泰子の手前まで来て、あぶなく止
まる。
泰　子「（明に）なんだよ」
明　「（首をふる）なんでも」
泰　子「今急がしいんだよ。あっち行ってろよ
（けとばす）」
健　「ハハハ、ふられてんの」

30　校門（夕方）

下校風景。校舎に西日が当たる。

31　5組教室

理恵、黒板に目、鼻を描いている。
恭一、荷物をカバンにつめこむ。二人
だけ。
理　恵「どうしたかな、あの人達（輪郭を描く）」
恭　一「だれ」
理　恵「先生達」
恭　一「早退したらしい。昼休みに」

理　恵「へえー（獣の耳を描く）」
恭　一「あれで終わりだな」
理　恵「えっ？（ふりむく）」
恭一、カバンを持って立ち上がる。
理　恵「あっ、帰るの」
恭　一「帰んないのか」
理　恵「どっか行こう」
恭　一「どこ（座る）」
理　恵「えーと、（黒板に向かい胴体を描く）この間の店」
恭　一「いやだよ。あそこ陰湿だよ」
理　恵「なに？」
恭　一「インシツ」
理　恵「ふーん。あたし、そういうの好きだもん（絵、だんだんタヌキになる）」
恭　一「（タヌキを見る）お前変だな、最近」
理　恵「そう。あたし暗い女なの。（タヌキにチンチンをつける）さあできた。行こう」
二人、手をつないで教室を出る。
黒板のタヌキ。

32　スーパーマーケット

梅宮、野菜のケースの前で選んでいる。
キャベツを一つ取る。
カゴに入れる。
カゴを持った順子。
梅宮、歩き出す。順子、後ろについて行く。

33　梅宮の部屋（夜）

六畳間に台所。
畳の上に寝そべる梅宮。奥の台所で料理を作る順子の後ろ姿を見ている。
梅　宮「きたねえぞ。全部、オレのせいにしておい、聞いてんのかよ」
順子、ふり返ってニコッと笑う。
梅　宮「あーあ、もういやだ。メシ」
順　子「ハーイ（食器を運んで来て座る）」
梅宮、順子のスカートを足の指でまくり上げる。

順子、じっとしている。

梅　宮「（順子のまたの間を足の親指でグリグリ押す）どうしておれの名前をすぐ出すんだよ、あん」

順　子「だって」

梅　宮「（なおもグリグリいじる）だってなんだよ。学校に来なくたっていいだろ。辞めさせられたらどうすんだよ。あん（足の親指でパンティーを脱がそうとする）」

順　子「やめて。ごはんを食べましょう。ね（梅宮の足をどけてきちんと正座する）」

梅　宮「（起き上がる）あいつどうしたんだよ」

順　子「別れたの」

梅　宮「あいつに１００万も貸したのか」

順　子「うん」

梅　宮「どうすんだよ」

順　子「いいのよ、もう。別れられたんだから。……言ってもよかったのに。かあさんに」

梅　宮「言ったってしょうがねえだろ。待たせたオレが悪いんだろう、きっと」

順　子「ごめんなさい（梅宮に抱きつく）」

34　三上家・恭一の部屋（夜）

恭一、机に向かってペンを走らせる。

壁に河合奈保子のポスター。

ドアをノックする音。

敬士《たけし》（19）才、ドアを開けて顔を出す。

敬　士「（入って来る）おい、何してるんだ」

恭　一「うん。（椅子を回して）受験の準備」

敬　士「なんだ。つまらん事やってるなあ」

恭　一「しょうがないよ。あと4ケ月ないんだから」

敬　士「とうさん、呼んでるぞ」

恭　一「うん（再び机に向かってペンを持つ）」

敬　士「あれ、行かんのか？」

恭　一「（ペンを走らせながら）行ってもしょうがないよ。どうせ変な精神論だもん」

敬　士「そうか（ベッドに腰かける）」

恭　一「コーヒー入れようか」

敬　士「ああ」

恭　一「（立ち上がってサイホンを本棚から降ろす）にいさん、東京に帰んないの」

敬　士「うん、もう少しいる。お前、東京の私立受けんだってな」
恭　一「(豆をミルでひきながら)一応」
敬　士「来るんだったら、寮出てアパート探さんとな(部屋中をぐるっと見回す)」
恭一、粉をサイホンに入れ。カップを2個そろえたりしながら敬士を見る。
敬士、枕元に熊のぬいぐるみを見つけて珍しそうにいじくっている。
恭　一「(慌てて)あっ、それ……。……にいさん、自由は平和に先行すると思う?」
敬　士「なんだそれ。(ぬいぐるみを置いて)どこで仕入れたんだ、そんな事」
恭　一「終戦記念日の新聞に誰かが書いてた。そんな気もするし、違うような……」
敬　士「うーん。それはまず、自由と平和っていう言葉の概念規定から始めんとな。自由っていうのはどういう事かな…解放って意味なら平和を犠牲にする事もあるだろうな」
恭　一「でも解放の目的の中には新たな平和もあるでしょう。それに、存在の目的の自由っていうのは存在の一条件かも」
敬　士「ふーん。自由とか平和とか平等とかってのは結局、規範概念だからな。それを比較するとなると、より高次元の何かが必要だろうな」
恭　一「じゃこういうのは。個《こ》が種《しゅ》を超越することは可能かどうかって問題」
敬　士「お前、毎日そんな事考えてんのか」
恭　一「そうじゃないけど。あっコーヒー」
サイホンからカップに注ぐ。
敬　士「シュはタネ、コは個人のコだよな」
恭　一「うん(カップをさし出す)」
敬　士「サンキュー。さて、それは……たぶんニワトリと卵だな。個というのがニワトリで種は卵だろ。個としてのニワトリが種としての卵を超越したと言い得るのはニワトリとしての経験が次に産んだ卵を新しく作り変えた時だろうな」
恭　一「じゃメスだけ?」
敬　士「いや、子作りというのはオスとメス共同の作業だから。とにかく……」
恭　一「(時計を見る)あっ10時だ。おれランニング行かなきゃ。(壁にかゝった野球のユニフォームをはずす)」
敬　士「ニワトリが飛べなくなったのは卵じゃなくてニワトリの時だろうから、逆に(段々ボソボソとひとり言になる）バカなニワトリが努力して飛べるようになって、またその子供が……」
恭　一「（着がえながら）ねえ、死っていうのは種の個に対する勝利だって聞いたけど」
敬　士「なるほど死か。やはり死を超越することが個の超越に結びつくのかな。（恭一急いで出て行く）ニワトリが死んだ場合、それは卵の勝ちかな。いやフライドチキンという新しい物になる。卵の場合、卵焼きだしな……」

35　坂道（夜）

かけ足で登って行く背番号1、恭一。

36　清水家・前

小さな平屋。背後ぎりぎりまで崖が迫っている。
恭　一「けん。……あれ？　けん。（玄関に入って来る）あっ！」
留造（64）がぼんやりと立っている。
恭　一「こ、こんばんは。あの、けん、知りませんか」
留造、表情を変えずに出て行く。
恭一、中を見回す。
あまり物がない。暗い部屋。
恭一、出て来る。
健の声「おーい、三上」
恭一、周囲を見回す。
崖の上に立っている健、隣りに明。
健「登って来いよ」

37　健の家の俯瞰

つぎはぎだらけのトタン屋根。
石ころが落ちて来てコツーンとはね返る。
健の声「ちぇっ、ボロになったたなあ」

38　崖の上

野原になっている。
健、小石を拾ってもう一度投げると、そのまゝ座わる。

その両わきに、明、恭一も座わる。
星空。
健、ポケットからタバコを取り出す。
恭一もタバコを出してマッチをする。
一瞬、明るくなる。恭一と健、同時にその火にかぶさり、煙を吐く。
明、二人を見る。
健「(恭一に)勉強どんなもんだ」
恭一「うん。いい線いってる」
健「まずかったか? こいつ(明の頭をこづく)つれて来て」
恭一「いいよ。別に(煙を吐き出す)」
健「(笑い出す)ハハ、聞いたか。こいつよ」
明「(健に)あっ、やめろよな」
恭一「なんだ?」
健「こいつよ」
明「やめてくれよ、たのむよ」
健「(明に)言ってもいいだろ。なっ。(恭一に)こいつよ、すげえの見たんだってよ」
恭一「何を」

39 5組教室(回想)

うす暗い室内。

明、入って来て電気をつける。

黒板にたぬきの絵。

明、その絵を見てニコニコしながら自分の机に向かう。

と、机と机の間から立ち上がる泰子と由美。二人、慌てて前のボタンをかけ、服の乱れを直す。

明。と、
泰子と由美。みつめ合う。

窓。外は闇。ガラスに映る3人。

泰子「何だよ」

明、後ずさり。

由美、ふるえている。

泰子「(由美の肩に手をかける、由美に)心配すんなよ。こいつなら心配ねえよ。(明に)誰にも言うなよ」

明、うなづく。

泰子「絶対言うなよ。言ったら殺す」

明、真っ青。

黒板のたぬきの絵。

40 野原（夜）

恭一「(明に）じゃあ、お前殺されるのか」

明。

恭一「だっておれ達にしゃべったじゃないか」

健「心配すんなって、おれが守ってやっからよ」

恭一「(明に）それで、泰子達何してたんだ」

健「三上。お前知らねえのか？」

恭一「(健に）知ってるよ、レズくらい。ただ、実際どうするのかと思って」

健「決まってんじゃねえか。やるんだよ」

恭一「どうやって」

健「うーん。……指入れるんだよ」

恭一「……（健をみつめる）」

41 夜景

遠くに街の灯。近くのバイパスをヘッドライトがポツポツ駆けぬける。

恭一の声「明。泰子が好きなのか」

42 野原（夜）

明「ま、まさか。おれの好きなのはよ、美智子」

健「美智子！　このやろう。（明をなぐる）美智子はおれのもんだ。ふざけんなよ、てめえ」

恭一「健も美智子なのか（煙を吐く）」

健「うん。あいつ頭いいし、かわいいし」

43 実験室（回想）

生徒達、いくつかのグループに別れて、アルコールランプで金属を熱している。

化学の教師「(生徒達の様子を見歩く）いいですか、よく熱して下さい。もし、色が変化した金属があったら、その金属の名と変化の前後の色をノートに記入しなさい。そして全部終わった後で、なぜ変化したか、あるいは変化しなかったかをグループで話し合ってみなさい」

健、（青々とした五分刈り）、ピンセットを持って銅を熱している。

隣りに美智子。座ってノートに書きこんでいる。

少し開いているえり首。

それを見つめる健の異常な目。

健、熱している銅のかけらを、そのえり首にポイと入れる。

「ギャー」

背中を抑えて泣き叫ぶ美智子。

周りで生徒達、ア然として見守る。

美智子、床を転げ回りながら泣きわめく。

44

保健室（回想）

健、カーテンの陰で下を向いて立っている。

カーテンの中。窓の外には満開の桜。

美智子、上半身裸。背中には赤くはれた跡。保健医（中年女）、チューブから薬をしぼり出して塗っている。

保健医「ひどい事するわねー、全く。自分がした事分かってんのかしら。（美智子に）痛い？」
美智子、うなづく。
保健医「可哀そうにねー、こんなカワいい顔してんのに。（カーテンに向かって）あのバカ」
カーテンの陰にいる健、うつむく。
保健医「（大声）ちょっと君。こっちに来てごらんなさいよ。早く」
健、カーテンの陰から出てくる。
が、美智子の背中を見て、目を伏せる。
保健医「何してんの。もっとこっちに来なさい。来なさいったら。（語気強く）よーく見なさいよ、自分のやった事。ほら、もっとこっちに来て。（健の腕を引っ張る）わかる、え、え。自分のした事わかる、え。この傷、消えないかもしれないのよ。たぶん消えないわ、一生。どうすんのよ。一生めんどうみる？ え。よく見なさいよ。もっと顔近づけて。（健の首をつかみ、美智子の背中にゴリゴリおしつける）もっと顔近づけて。もっと。」
健、泣く。涙が美智子の背中を伝わって落ちる。
保健医「もういいわ、帰って」

健、涙をふきながら出て行く。
保健医、美智子にブラジャーをつけてやる。

45 同・外（回想）

廊下。健、うつむいて立っている。
美智子、出て来る。

健「……」
美智子「……（静かな顔）」
健「ごめん」
美智子「うん（歩いて行く）」
美智子の後ろ姿を見つめる健。
美智子、静かに歩いて行く。
反対側から恭一。ぞうきんとバケツを持って歩いて来る。
美智子、すれ違いざま、突然泣きくずれる。
恭一「（きょとんとした表情）どうした?」
美智子、恭一の胸にとびこみ、泣く。
健の声「やっぱりあいつも三上なんだよな」

46 野原（夜）

恭一「そんな事ないよ」
健「いや、お前だよ。なんでお前だけもてんだよ。ちくしょー（タバコを放る）」
恭一「おれ、知らないよ」
健「お前には理恵がいるだろうが。汚ねえぞ。な、明」
明「（うなづく）」
恭一「何言ってんだよ。理恵だって関係ないよ」
健「またー。ほんとかよ」
恭一「うん」
健「じゃ、誰だよ」
恭一「誰って」
健「好きな女、いるだろ」
恭一「いるけど」
健「誰だよ」
恭一「……河合奈保子」

47 ステージ（中野サンプラザ）（回想）

河合奈保子、歌い踊る
乱れ飛ぶテープや紙ふぶき。

客席。怒鳴る親衛隊。

その間にポツンと学生服の恭一。パンフレットを握り占め、ステージを食い入るように見つめる。

河合奈保子、キラキラ。音が消える。

静か。

48 理恵の部屋（夜）

テレビ。河合奈保子のライブのビデオか音もなくチラチラ映っている。

明かりが消えてうす暗くなっている室内をテレビのブラウン管だけが照らしている。

隣りにベッド。パジャマ姿の理恵、目を見開いて天井の一点を見つめる。

理恵の横顔。青白い光で浮き上がる。

枕元に熊のぬいぐるみ。

理恵、ため息をつく。

49 アパート・入口（朝）

Ⓣ――土曜日
恭一、壁によりかゝって文庫本を読んでいる。風が強くてページがめくれる。
入口から出て来る。がそれは中年男。
恭一、腕時計を見る。本をかばんにしまう。
入口に入って行く。

50 同・階段

かけ登る恭一。

51 4階の高見家・前

表札（3－704、高見）
恭一、ブザーを押す。
返答を待つ、がない。

ノブを引く、が開かない。
もう1度ベルを押す恭一。

52 同・理恵の部屋

ブザーの音。
理恵、ベッドの上で寝返りをうつ。
ブザーの音止む。
白いカーテンのすき間から朝日がもれている。
急に起き上がる理恵。ベッドから降り、窓を開ける。
強い風が入り込む。
理恵「(真下を去って行く恭一を見つけ、大声で) ねー、ちょっと待ってー。ねー」

53 アパート外

恭一、どんどん風に逆らって歩いて来る。背後にそびえるアパートの4階の窓から理恵が顔を出して口をパクパクさせている。

恭一、聞こえない。

54 高見家・理恵の部屋

理恵、慌ててパジャマを脱ぎ捨てる。
ファンシーケースから制服を引き出し、時計を見る。
7時35分。
理恵「(ドアを開けて) おかあさん、どうして起こしてくんないの。おかあさん」

55 同・リビング

入って来る理恵。誰もいない。

56 同・ダイニング

理恵「おかあさん。あれ?」
誰もいない。パンティー1枚の姿で歩き回る理恵。
しかし、返答はない。

57　同・理恵の部屋

理恵、相変わらず裸で制服を見つめている。

時計、8時5分過ぎ。

ブザーの音。

理　恵「（我に返る）ハーイ（慌ててタンスから洋服を引っ張り出す）」

58　同・玄関

理恵、ブラウスのボタンをかけながらドアを開ける。

隣りの女。

女　「あら、理恵ちゃんいたの。学校は？」

理　恵「あっ、ちょっと……。ちょっと頭が痛くて」

女　「あら、まあ、大変。大丈夫？」

理　恵「ええ」

女　「これ、回覧板。おばさん、お隣に回して来てあげるから、印鑑だけ貸して」

理　恵「は、はい（奥へ引っ込む）」

女　「（のぞき込む、奥へ）おかあさん、どうなさったの」

59　同・リビング

理　恵「出かけてるみたいなんです（タンスの引き出しをひっかき回す）」

女の声「（玄関から）そう。こんなに風が強いのに。……ねえ、台風はやっぱり来るんだってねー。大変だよ」

理　恵「はあ（必死に探すが見つからない。じゅうたんの上、預金通帳や証券類が散らばる。ノートの間から一万円札も数枚出て来る）」

60　アパート・外

木々が揺れ、自転車のカバーがパタパタなびく。

くもり空。雨の気配はまだない。

61　中学校・正門

校庭、砂煙りが舞う。

62　同・プール

さざ波が立っている。

誰かが置き忘れたバスタオルがなびく。

63　5組教室

休み時間の風景。

相変わらず健と古沢、明を追い回して、教室の中を走り回る。

生徒の半数近くは問題集に取り組んでいる。

入口近くに泰子、由美、みどり。

泰子「(由美に) つぎ数学じゃん。サボるか」

由美「うん」

泰子「みどり、行こうぜ」

みどり「あたしいる。梅宮に会いたいもん」

由美「みどり。行こ」

みどり「やだよ」

泰子「(恐い顔) みどり」

みどり「わかったわよ。行くよ」

出て行く三人。を見送る美智子。

窓ぎわには、恭一。ひらすらペンを走らせている。

近寄って来る美智子。

美智子「ね、三上君。(恭一、見上げる) あたし、次の授業ボイコットしようと思うんだけど」

恭一「どうして」

美智子「あたし、あの人嫌いなのよ。耐えられないの。あの人に教わるくらいだったら、図書館でひとりでやってるわ。できたらみんなにも呼びかけてさ」

恭一「そんな事できないよ。(教室中を見回す) みんなあせってるもん。おれも先生好きじゃないけど、しょうがないんじゃないかな。どうして急にそんな事」

美智子「きのう見たでしょ、三上君も。いやなんだってば、ああいうの」

恭一「あーあ、なるほど。でも、先生の私生活の問題だからな。仕方ないんじゃないのかな」
美智子「いやよ、絶対に」

64　校門

理恵、制服を風になびかせて立っている。
校舎の二階の窓。美智子と話している恭一が見える。
授業の始まりのベルの音。
理恵、くるっと向きを変えて帰って行く。
Ⓣ——午前10時20分
風、ますます強くなる。

65　5組教室

騒がしい。
美智子「遅いね」
恭　一「うん」
美智子「気にしてんのかな。きのうの事。そんなら少し見直すんだけど」
恭　一「そういうタイプじゃないけどな」
梅宮入って来る。
美智子、慌てて席につく。
梅　宮「やー悪い悪い。自転車が進まねえんだよな、風が強くて。それによ、どっかのバアさんが道ばたでひっくり返っちゃうしよ。病院につれてけってうるせえんだよな。冗談じゃねえぞ全く。こっちは可愛い生徒待たしてるって言うのに。で、しょうがねえから近くの交番にまい子だって置いてきちまった。ハハ」
美智子、うんざりした様子。
梅　宮「あれ。きょうは人が少ねえな。サボってんのか、しょうがねえなー。受験まで半年もねえんだろうが。さて、授業始めるか」
美智子「(立ち上がる)ちょっと待って下さい。わたし、説明して欲しいんですけど、きのうの事。そうじゃないと授業が」
梅　宮「なんだ、きのうの事って」
美智子「数学の時間、変な人達が入って来たじゃないですか。あの事です。あれは一体何だったんですか」
梅　宮「お前らには関係ねえだろ」

生徒A「そうだよ、関係ないよ」
生徒B「先生、授業始めましょ」
生徒C「ひっこめ、ブス」
美智子「（ふりむく）ちょっと、ブスって何よ。もう一度言ってみなさいよ」
生徒C「いいよ。（立ち上がる）ひっこめブス」
美智子「頭に来ちゃうな。自分は一体何だと思ってんのよ」
生徒C「何だよ」
梅　宮「ちょっと待った。ちょっと待て。あんまりカッカくるな。よくわかったからちょっと待て。美智子には後で説明してやっから、とりあえず授業を始めよう。なっ」
美智子「あたし、そんなのいやです。今、説明して下さい」
梅　宮「なに意地はってんだ、お前は」
生徒C「美智子、じゃまだから出てけよ」
美智子「自分が出ればいいじゃない。あたし絶対ここ動かないから」
生徒C「何だとこの野郎（つかつかと美智子の所へ歩み寄る）」
健　「（自分の机に登り、パッと生徒Cの前へ降りる）てめえ、何する気だ」
生徒C「（健の胸ぐらをつかむ）カッコつけんじゃねえよ」
健　「この野郎（生徒Cをなぐり倒す）」
明、倒れた生徒Cの頭をけとばす。
生徒C「いてっ。（明に）てめえは関係ねえだろ、ひっこんでろ（明をつきとばす）」
明、よろけて女生徒の上に倒れ込む。
女生徒「キャーッ」
古沢、立ち上がり、生徒Cを後ろから**はがいじめ**にする。
健、生徒Cの腹に何発もこぶしをブチ込む。生徒C、くずれる。上から古沢と健、何度もけりを入れる。
生徒A「（美智子の所に駆けて行く）もともとお前が悪いんだぞ。あいつらをやめさせろよ」
「そうよ何とかしなさいよ」
「あなたが変な事言うから」と、
女生徒4・5人、美智子を取り囲む。中のひとり、いきなり美智子を平手打ちにして、
「あんた。生いきなのよ（と言う）」

美智子、泣き出す。

教室の後ろでは、どういうわけか、明が女生徒達3人に、こづき回されている。

恭一、机にほおづえをついて、騒然とした教室を見回している。

梅　宮「お前ら、いい加減にしろ。席に着け。席に着けっていうのに。(教室中、無視) こら、席に着け。(だんだん大声になる) お前ら。やめろ。やめろっていうのに。お前ら、やめねえとたたっ殺すぞ」

静かになる。

生徒達、席に着く。

美智子、まだ泣いている。

生徒Cの顔、はれ上がって血が吹き出している。

健、ハアハア息を弾ませる。

明、鼻血を出している。

恭一。

教室中がしーんと静まり返る。

梅　宮「ふー。(ため息をつく) お前ら何だか変だよなー。何でこんなになっちゃうわけ。おれ頭痛くなってきたぜ」

恭一、窓ガラスを見ている。強い風に飛ばされて、ポツポツ水滴がガラスにぶつかる。

66　中学校・裏門附近

みどり、フェンスの破れ目を四つんばいになってくぐりぬける。

雨にぬれながら、手についた泥を草の葉でぬぐう。

67　演劇部・部室前

『演劇部』のうす汚れた看板。

みどり、やって来て扉を引っ張る。

68　同・中

おもちゃ箱のような室内。

厚紙で作った小道具、原色の衣裳、かつら等が散らばり、芝居のポスターが張りめぐらされている。

床にしかれたブルーのマットレス。その上で泰子と由美が寝そべっている。

みどり「買って来たよ（ポケットからマイルドセブンを2個出す）」

泰　子「サンキュー（起き上がる）」

みどり、1個を泰子に放り、もう1個のパッケージを破って1本取り出す。

みどり、そばにあるグリーンのかつらを頭にのせ、タバコに火を点ける。

泰子、由美、笑う。

みどり「雨、降って来たみたいよ。もうグショグショ（制服を引っ張る）」

由　美「脱げば」

みどり、うなづき上着のボタンをはずす。

泰子、そばにあるラジカセのスイッチを入れる。ブルースが流れる。

みどり、音楽に合わせて腰をくねらせ、上着を脱ぎ始める。

泰子、由美、嬉しそうに拍手。

みどり、調子にのってスカートのすそをチラチラめくる。

由　美「あ、ちょっと待って。（カバンをあけ口紅を取り出す）じっとしててよ。（みどりに近寄り、ピンク色に塗ってやる）」

みどり、少々てれながら、ゆっくりとブラウスのボタンをはずす。

泰子、由美を引き寄せ、みどりの踊りを横目で見ながら、口づけをする。

由美、泰子の胸に顔をうずめる。

みどり、ひとり陶酔しながらスカートのファスナーをおろす。

69　プール

激しいどしゃ降り。水が沸き立つように揺れている。

70　校門・前

下校風景。

生徒達、色とりどりのカサを斜めにかまえて次々に出て行く。

71　5組教室

美智子、ひとり。机に腰かけ、もの思いに沈む。
うす暗くなってきた室内、明りもつけず。
強風と強雨をアルミサッシの窓がガードして、部屋の中は静か。
梅　宮「（慌てて入って来る）なんだ、お前まだ居たのか。（室内を見回す）お前、三上知らんか」
美智子、首をふる。
梅　宮「そうか。カバンはあるしな。どこ行ったんだろうな。早く帰れ。台風だ（出て行こうとする）」
美智子「先生」
梅宮、ふり返る。
美智子「さっきの約束、どうなりましたか」
梅　宮「なんだ?」
美智子「説明するって言ったじゃないですか。わたし、それで待ってたんです」
梅　宮「お前、まだそんな事言ってんのか」
美智子「だって」
梅　宮「よし、わかった。ちょっとそこで待ってろ。それより三上が先だ（出て行く）」
美智子、窓のそばに行き、外の様子をのぞく。

72　廊下

梅宮、健とすれ違う。
梅　宮「おい、三上知らんか」
健　「体育館。クラブの後輩しごいてるけど」
梅　宮「そうか（走って行く）」
健、見送ってから階段を登る。

73　5組教室・前

健、入ろうとして立ち止まる。
中に美智子がひとり。

74　同・中

美智子、机にうつ伏せになり眠っているように見える。

健、静かに入って来て、美智子より3つ後ろの席に腰かける。
美智子の後ろ姿、じっと見ている。

75　体育館

中央のコートでバレー部とバスケット部が練習をしている。
その回りを野球のユニフォームを着た選手達が一列になってランニングをする。
先頭で走っている恭一。くるっと向きをかえると逆方向に走り出す。

76　同・入口

恭一、走って来る。
待っている梅宮。

恭一「何ですか」
梅宮「うん。お前、高見と近所だろ。時々一緒に帰ったりしてんだろ」
恭一「はい」
梅宮「知らねえか。きょう学校に来てねえだろうが」
恭一「はあ。けさ、家に寄って来たんですけど、留守みたいで」
梅宮「そうか。きのう何か言ってなかったか」
恭一「はあ？　……別に。何かあったんですか」
梅宮「いや、何もないならいいんだけど。練習続けろよ（去る）」
恭一。

77　5組教室

机にふしている美智子。
それを見ている健。
美智子、急に顔を上げ、後ろをふり向く。

美智子「（健を見つけて驚く）な、なに」
健「なんでもねえよ」
美智子「（立ち上がり後ずさりする）なによ」
健「なんでもねえけど……、……こんど一緒にマクドナルド行かねえか（立ち上がり、てれくさそうに笑う）」

美智子「(こわばった顔) 近寄らないで」
健「どうしたんだよ」
美智子「いいから来ないで」
健、不思議そうな表情でどんどん美智子の方へ。
美智子、少しずつ後ずさりして教室のすみに。
健「お前、変だぞ」
美智子「出て行って。出てってよ」
健、だんだん表情が硬くなる。
美智子、完全に教室のすみに追いつめられる。
健「(少しずつ前へ出る) おれ、どうしたらいいんだ」
美智子、答えず健を見すえている。

78 職員室

梅宮、電話をかけている。他には用務員の岡部だけ。
岡部、梅宮に茶を出す。
梅宮「あっ、どうも。(電話の相手に) ですから、そういった事はそちらで決めてもらわんと。え? もちろん、心配ないですよ」
恭一、戸口に立っている。
梅宮「……。はい。……はい。……。いや、ボクの方は全然覚えがないんですよ。はっ? (恭一を見つける) ……。はあ。そんな事言われても困っちゃうなあ。(恭一、入って来る) ああ、ちょっと待って下さい。(恭一に) なんだ」
恭一「理恵、どうしたんですか」
梅宮「……フー (ため息をつく) 家出したらしい。(電話の相手に) もしもし、それで? ……。ですから、学校の方も生徒達も全然関係ないんです。あっ、ちょっと待って。(恭一に) 泰子達どうした」
恭一「途中からいなくなりましたけど。朝は来てましたから」
梅宮「(電話に) もしもし、やっぱり学校じゃないですよ」
恭一、窓の外を見る。

79　校庭

強風と強雨。水がたまって小さな池が出来始めている。

Ⓣ――午後2時30分。

80　東京・原宿駅

丸い時計の針が2時32分をさす。

山手線のホームに電車が着く。

ドアが開いて降り立つ人々、その中に制服の少女、理恵がいる。

81　同・改札口

理恵、切符を渡しカバンをぶらぶらさせながら出て来る。

人混み。軒下で雨を避けながら、路面を眺めている人々。

理恵、小さな体を割り込ませて最前列まで来る。

どしゃ降り。

時々、意を決してその中に突っ込んで行く若者達。

理恵、つまらなそうに再び人垣の中へ。

キップを買い、改札を通る。

82　中学校・廊下

梅宮、急ぎ足で歩く。

階段を駆け登る。

廊下を走る。

3年5組の教室の前に来る。

83　5組教室・前

梅宮、入りかける。

と、中から懐中電灯が梅宮を照らす。

梅　宮「あっ」

岡　部「(懐中電灯を下に向けて) あれ? 先生、忘れものですか」

梅　宮「いやー、生徒待たしてたはずなんですが」

岡　部「誰もいませんよ」

梅宮「そうですか」
岡部「この雨じゃ。もうみんな帰りましたよ」

84 同・表玄関

岡部「今晩あたり、真上通るそうです」
梅宮「あした日曜でよかった」
岡部「(雨ガッパを着る)先生、外に出て下さい」
梅宮、出る。
岡部、後ろをふり返って確かめ、スイッチを入れる。
シャッターがゆっくりと降りる。

85 廊下

逃げる美智子。ひきつった表情でカバンを抱える。
ゆっくりと歩いて来る健。異様な目で美智子を追う。

86 表玄関

美智子。
シャッターが閉まっている。
シャッターをたゝく。

87 同・外

梅宮と岡部、自転車を引っ張ってどしゃ降りの中に突っ込んでゆく。
雨音がすべてを消す。

88 同・中

美智子、シャッターを必死でたゝく。
健、来る。暗くて美智子の姿がよく見えない。が、徐々に距離を縮める。
美智子、カバンを投げつける。
健の頭に当たる。
美智子、すばやく逃げ去る。
健、逆上して駆け出す。

89 廊下

走る美智子。
猛スピードで追う健。
あっという間に追いつく。
健、美智子の上着に手がかゝる。
二人、転ぶ。
傍らにある非常ベル。
美智子、手をのばす。
健、その腕をねじり上げる。
美智子、ひじ打ち。
健、ひるむ。
美智子、這うように逃げる。
健、ゆっくりと鼻血をぬぐう。

90 職員室

入って後ろ手にドアを閉める美智子。

91 同・外

健、ドアをひく、が、あかない。
窓ガラスに美智子の影。
健、ドアをける。
何度もける。段々、強くける。
ドアに穴があき始める。

92 同・中

必死にもちこたえている美智子。
ドアの震動で体が揺れる。
ガラーンとした室内。突如、電話のベルが鳴り響く。
美智子、恐怖に目を見開く。もう限界。
ドアの破れめが大きくなる。
美智子、ドアを離れて教頭の机のかげにかくれる。
鳴り響く電話のベル。
ついにドアはバラバラに崩れる。
健、肩で息を吐きながら、ゆっくりと入って来る。
教頭の机に狙いを定めて静かに近寄る。
電話のベル、やむ。

近づく健。

美智子、観念したように、疲れた表情で立ち上がる。

とびつく健。弛緩した美智子の体から上着をはぎ取り、ブラウスをひきちぎる。

が、急に青ざめ、とびのく。

美智子の背中に焼けどの跡。

健、ぼう然。

頭をかゝえて泣き崩れる。

美智子もべそをかく。

健、泣きながら暴れる。いすをけとばす。机の上の書類、灰皿、試験問題等を投げとばし、ついたてをたゝき割る。

美智子、泣きながら上着をはおり、スカートをなおす。

二人の泣き声が奇妙にハモって低く響くが、
美智子「(急に泣き止む)……。三上君?」

恭一、校長室へ通じるドアを半開きにして二人を見ている。

93 東京・新宿

風と雨を無視する街並。

ポツポツとネオンがともる。

94 同・地下街

ブティックの前。

小林(21)才が待っている。

理恵、赤いミニスカート姿で出て来る。

制服は紙袋の中。嬉しそうに小林に自分を見せる。

小林、理恵の肩に腕を回す。

二人、人混みの中。

95 中学校・校長室(夕方)

立派な応接セット。

美智子、恭一、向かい合って座っている。二人、健を見る。

健、ひとり離れて、長いすの上にうつ

伏せになり泣いている。その背中がヒクヒク動く。

恭　一「何かあったのか?」

美智子「えっ、見てたんじゃないの」

恭　一「何を。音がするから来てみたら、二人で泣いてたんじゃないか」

美智子「そう（泣き笑いをする）」

恭　一「どうかしたのか（健を見る）」

美智子「うぅん。大丈夫。何でもなかったの。大丈夫だったの。……三上君こそ何してたのよ」

恭　一「おれ?　ちょっとトイレで考え事してたら、シャッター閉められちゃって」

美智子「そう。何考えてたのよ」

恭　一「理恵の事」

美智子「やっぱり」

恭　一「いや、そんなんじゃないよ」

美智子「どんなの」

恭　一「うん……。さて、帰ろうか（立ち上がる）」

美智子、立つ。そして、健をチラッと見る。

恭　一「（気づいて健に歩み寄る）おい、行くぞ。帰れなくなっちゃうぞ。あんまり気にすんなよ。（肩に手を当て）美智子も許してるって」

美智子、ギクッとして恭一を見つめる。

健、よろよろと立ち上がる。

その時、廊下でもの音。

三人、顔を見合わせる、

小さく話し声も聞こえて来る。

三人、耳を澄ます。

足音と声、大きくなったり小さくなったりしながら聞こえている。

健「おれ、見てくるよ（ドアを勢いよく開けて出て行く）」

恭　一「（小声で）先生だったらまずいね」

美智子、恭一の背中にぴったりくっつく。

96　トイレ・前

健、そっとやって来る。

ドン、と扉の閉まる音。水の流れる音が女子トイレから聞こえる。

健、近づいて行く。

再び扉と水の音。

健、女子トイレに近づくといきなりドアをひく。

「キャーッ」という声がして現れたのは、赤い服、緑の髪の毛、分厚い化粧をした女、みどり。

みどり「なんだ、びっくりさせないでよ」

97　5組教室

恭　一「芝居してたのか」
みどり「そんなんじゃないわよ。（かつらを取る）演劇部の部室で遊んでたら、外真っ暗なんだもん」
低くラジオが聞こえる。
泰子、健、タバコを吸っている。
美智子と由美、こそこそ話しながら、笑っている。
恭　一「みんな、帰んないのか」
全員、恭一を見るが、また元の姿勢に戻る。
恭　一「（ひとり言のように）そうか、帰る気ないのか」
健　「おれ、腹減ったな」
泰　子「あるぜ。食うか？（カバンを開いて弁当箱を出す）」
美智子「あ、あたしもある。三上君、食べない？」
恭　一「うん（気のない返事、ポケットからタバコを出してライターで火をつける）」
恭一、窓の方へ行き、暗くなった外を見つめる。

98　街（東京）

杉並区あたりの住宅街。

水をはじきながら一台のタクシーが止まる。

Ⓣ――午後5時30分。

タクシーから降りる理恵。

その後で小林、金を払って、雨の中一気にかけ出す。

99　第2寿荘

小林、軒下に駆け込み、理恵に手招き。

階段を登る。

100　同・小林の部屋

小林、散らばった靴をけとばして、畳の上に。

小　林「（服を脱ぎながら）入って」

理恵、ドアをしめて靴を脱ぐ。

小　林「ぬれちゃったな。せっかく買ったのに。脱いでかわかせよ」

理　恵「はい。あのー、小林っていうんですか、名前」

小　林「ああ。（バスタオルで背中をふく）そんな事より、早く着がえろよ。カゼひくぞ」

理　恵「はい。でも」

小　林「何だよ。着るもの貸してやろうか」

理　恵「いえ、いいです。制服着ますから。……ちょっとトイレ貸して下さい（紙袋を持ってトイレの中へ）」

小　林「（やかんに水を入れて火にかける）おい、コーヒー飲むだろう」

理　恵「（トイレの中から）はい。すいません」

小　林「お前、名前なんてんだ」

理　恵「（制服を着、赤いワンピースを手に持って出て来る）高見理恵って言います」

小　林「あっ、それこっち（理恵の服をハンガーにかけてぶら下げる）ふーん。（理恵を見つめる）中学生か」

理　恵「はい。小林さんは大学生ですか」

小　林「う、おれか？　まあな、そんなとこだ」

理　恵「東大ですか？」

小　林「東大？　……まあな」

理　恵「そう。じゃあ三上君のお兄さんと同じだ」

小　林「三上？　だれだそれ」

理　恵「学校の友達です」

小　林「お前、学校どこだ」

理　恵「……」

小　林「東京じゃねえだろ」

小　林「やっぱり。だと思ったんだ。お前、家出して来たんだろ」

理　恵「違います」

小　林「じゃあなんだよ」

理　恵「……」

小　林「まあいいや。おれもどうでもいいんだ、そんな事（やかんをはずす）」
理恵の赤い服。

101　5組教室

ラジオのニュース「台風10号は中心気圧９７０ミリバール。最大風速は30メートルで北北東に時速30キロの速さで進んでおります。今夜半過ぎには」
恭　一「（スイッチを切る）みんな、本当に帰らないのか。美智子、いいのか？　親が心配するぞ」
美智子「あたし、もういいのよ。どうでも」
健、美智子をじっと見つめながら弁当をほおばる。
美智子、健と目があって、そらす。
ロック、激しく鳴り出す。
泰　子「由美、踊ろうよ」
みどり「あ、あたしも」
三人、輪になって体を動かす。
恭　一「（大声で）みんな、まずいよ。理恵と一緒だと思われちゃうよ」
美智子「理恵、どうしたの」

恭　一「家出したそうだよ」
全員、一斉に恭一を見る。
健　「どうして」
恭　一「わかんないよ。さっきから考えてるけど」
健　「三上、変な事したんじゃないのか」
恭　一「お前と違うよ」
健、ギョッとして美智子を見る。
美智子「（無視して）どこ行ったんだろう」
恭　一「わからん（頭をかかえてしゃがみこむ）なんか変だよ。みんな」

102　小林の部屋

小林、理恵の肩に腕を回して、二人座っている。
沈黙。
戸がカタカタ音をたてている。
理恵、じっと赤い服を見つめる。
小　林「東京、初めてか」
理　恵「はい」
小　林「（理恵の髪をなでる）どうだ？　東京は」
理　恵「台風だったんで、よくわかりません」

小林「そうか」
理恵「……あたし」
小林「うん？」
理恵「あたし、いやなんです。閉じ込められるの。閉じ込められたまゝ年とって、それで土地の女になっちゃうなんて、たえられないんです（泣き出す）」
小林「そうか（理恵をやさしく引き寄せる）」
理恵「（涙声で）三上君は、卒業したら東京の高校に入るって言うし。そうしたら、あたし……」
小林「うん（理恵のほゝに手を当てる）」
理恵「あたし……、（急に立ち上がる）あたし帰ります」
小林「えっ！」
理恵「いろいろありがとうございました。声かけてくれて、感謝してます」
小林「（立ち上がる）帰るって今からか」
理恵「はい。そうじゃないと最終に間にあいませんから（赤い服をたゝんで袋にしまう）」
小林「お前、泊って行くんじゃなかったのか」
理恵「そう思ってたんですけど、ご迷惑でしょうし、やっぱり帰ります」
小林「おれ、全然迷惑じゃないよ。泊っていけよ。なっ。あした日曜だし、一日遊んで、それから帰ればいいじゃないか。なっ」
理恵「はあ……いえ、やっぱり帰ります。みんな心配してるだろうし（靴をはく）」
小林「ちえっ、本当に帰るのか。おれ、送って行かねえぞ」
理恵「大丈夫です、ひとりで。本当にありがとうございました。さようなら（出て行く）」
小林、いやな顔。

103　第2寿荘・外

理恵、階段を降りて来ると、一気に雨の中へ突っ込んで行く。

104　中学校・保健室

ベッドの上。
健「（のびたり縮んだりしながら）おれってなんかこゝ好きなんだよな」

みどり「わたしも好き（健の上に馬乗りになる）」
健「いてっ。どけろよ」
みどり「逆えび（健の足をとって折りまげる）」
健「ハハハ、よせよ。くすぐったいよ」

105 5組教室

恭一と美智子だけ。

美智子「何考えてんの」
恭一「うん……」
美智子「理恵の事ばっかり」
恭一「そうじゃないよ。みんなの事だよ」
美智子「さすが、偉いわねー。クラス委員は」

106 保健室

泰子、由美入って来る。
健、みどり、ベッドの上でじゃれ合っている。

泰子「何やってんだ、てめえら」
健「うるせえな。てめえに関係ねえだろう」
泰子「なんだと」
健「やるのか、レズ女」
由美「（泰子の腕をつかんで）泰子」

泰子、健の腹を思いきりけとばす。

健「いてっ。ちくしょう（泰子に襲いかゝり、髪の毛をわしづかみにしてひきずり回す）」
泰子「放せ。放せ、この野郎（ひきずり回されて、ベッドの角や薬の入ったケースに頭をぶつける）」

由美、健の背後から首をしめる。
健、泰子を放し、由美の腕をつかんで投げとばす。
ガラスケースが粉々に割れる。
みどり、驚いて退散。

107 5組教室

みどり「ちょっと、やばいよ。健と泰子達けんかしてるよ」
美智子「そう」
みどり「あれっ、止めないの」
美智子「あの二人、いつかやると思ってたもん」
みどり「冷たいの。三上君」

恭　一「うん（気のない返事）。おれ、ちょっと電話かけて来るよ（出て行く）」
美智子「あっ、あたしも」
みどり「あたしも」

108　廊下

保健室からはみ出して、健と泰子がとっくみあっている。

そのわきをすりぬけて、恭一、美智子、みどりが通る。

109　校長室

校長の机に腰かけて、恭一、受話器をとる。
美智子「どこにかけるの？」
恭　一「まず理恵の家。それから美智子の家。最後に先生」
みどり「わあ、先生だったら、あたしかける」
美智子「ちょっと待って。どうしてうちにかけるのよ」
恭　一「かけといた方がいいよ。みんな心配してるぞ」
美智子「くだらない事言わないでよ。いい子ぶって」
恭　一「わかったよ。（ダイヤルを回す）……。あっ、もしもし。同級生の三上と言いますが、理恵さん帰って来ましたか。（切れる）もしもし。もし……（受話器を置く）」

110　梅宮の部屋

台所で楽しそうにたくわんを切る順子。

聞こえて来る演歌のイントロと拍手。

部屋の真ん中にドカンと置かれたカラオケセット。

梅　宮「（マイクを片手に）それでは、お客様の声援に応えて歌います。梅宮安の涙の連絡船（酔っ払っている）」

梅宮の真ん前に陣取った勝江と英夫、もう一度大きく拍手。

梅　宮「（歌う）いつも群れー飛ーぶ、かもめーさーえー。とーに忘れーた、恋なーのーに」
勝　江「よっ、がんばれ息子」
梅　宮「今夜も、汽笛が、汽笛が」
　電話のベルがなる。
順　子「(エプロンで手をふいて取る)はい、梅宮ですが。……。もしもし?」

111　校長室

みどり「(受話器を握っている)……(電話の向こうから、梅宮の歌い声が聞こえる)」
恭　一「どうした?」
みどり「……。(もしもし、どなたですか)あのー、先生お願いします」

112　梅宮の部屋

順　子「(梅宮に)ねえっ、電話」
梅　宮「あっそう(マイクを置く)。(英夫をまたぐ)ちょっとすいません、おとうさん(よろよと順子の所へ)」
英　夫「わしゃ、おとうさんじゃのうて、おじさんだがな」
順　子「(梅宮に受話器を渡す)生徒からみたい」
梅　宮「あっ、そう。はい、もしもし梅宮先生ですが。(あっ、先生、学校に来て。今すぐ)はあ?おめえ誰だ。(あたし、森崎です。森崎みどり)誰だって?(みどり。そんな事より、学校に来て。みんないるの)何言ってんだおめえ。外は風ピューピュー、雨ザーザーだぞ」

113　校長室

みどり「先生……」
恭　一「(みどりに)ちょっと貸せよ。もしもし、三上です」
みどり「(美智子に)酔っ払ってるみたい(首をふる)」
恭　一「先生、ぼくら今、学校にいるんです。帰ろうと思っても足が動かないんです。どうしたらいいですか」

114　梅宮の部屋

梅　宮「何言ってるか、さっぱりわかんねえぞー。いったいおめえ誰だ。（先生。ぼくは一度、あなたと真けんに話してみたかった。あなたは悪い人じゃないけど、でも、もう終わりだと思います）なにー？　なんだって？」

115　校長室

恭　一「ぼくはあなたを認めません。一方的過ぎるかもしれないけど」
美智子、恭一の横顔を食い入るように見ている。

116　梅宮の部屋

梅　宮「何言ってんだよ、ばか野郎。酔っ払っても、よーく聞こえてんだぞ。いいか若僧。おめえはな、今はどんなに偉いか知らんけど、20年たてばこのおれになるんだ。あと20年の命だ。へっ。（先生。ぼくは絶対にあなたにはならない。絶対に）（切れる）何言ってやがんだ。ばか野郎が」
英　夫「どうしました」
梅　宮「いや、なんでもないですよ。さあ、おとうさん、一杯いきましょう」
英　夫「わしゃ、おじさんだって言うに」
順子、不安そうに梅宮を見つめる。
Ⓣ—午後9時20分。

117　東京・上野駅

丸い時計が9時21分をさす。
10番ホーム。理恵、立っている。風で制服が揺れる。
駅　員「（近づいて来る）君、何やってんの」
理　恵「えっ？」
駅　員「電車待ってんの？」
理　恵「はい」
駅　員「来ないよ。高崎線、土砂崩れで不通だよ（行ってしまう）」
理恵。

118　田の稲が雨風で痛めつけられている

119　山から泥水が流れ落ちる。

120　川から水があふれ出ている

121　中学校・5番教室

恭一ら6人、輪になって座っている。

美智子「なんか理恵の気持ちがわかったわ。三上君て残酷ね」

恭　一「……」

健「(傷だらけの顔)あまり暗くなるなよな。梅宮だって酔っ払って舞い上がってたんだろ。おれ達も酒欲しいな」

由　美「そんなのあるわけないじゃない」

健「なんだと、このレ。(泰子を見る)」

由　美「なによ」

健「なんでもない」

泰　子「みどり、あれやれよ」

みどり「うん(中央に出る)」

ラジカセから軽快なロック。

全員、拍手。

みどり、リズムにのりながら赤い舞台衣裳のすそをチラチラめくる。

美智子「あたしもやる(中央に立つと、恭一の方に向かって胸のボタンをはずす)」

泰　子「あたしもやろうかな」

由　美「うん、やろう」

4人の少女、健と恭一の回りを取り囲んでストリップを始める。

恭一、あっけに取られてひとりひとりを目で追う。

健、はずかしそうに下を向きながら、それでも時々、しっかり見ようと目を見開く。

泰子、長いスカートをまくり上げて傷だらけの足を見せる。

みどり、由美の胸にさわったり、美智子のスカートをまくりあげたり。

キャー、キャー声を上げながら、少女達、一枚ずつ脱いでいく。

健「よし、おれもやる(立つ)」

「えーっ」と、声をそろえて女達。

健、腰をふりながらベルトをゆるめ、ファスナーを下げる。

健　　女達、拍手。

健「三上もやれよ（恭一の手をひく）」

恭　一「うん。やるよ」

恭一、真けんな顔で上着を脱ぎ、ズボンのベルトをはずす。

女達、笑う。

全員、ほとんど丸裸。

122　崩れ落ちる橋

123　倒れる樹々

124　健の家

せり出した崖の下、小さな平家から明りがもれている。

125　同・中

留造が流しで米をといでいる。

126　同・外

崖が崩れ落ち、土砂が家をのみこむ。

127　5組教室

楽しそうな健の顔。

次の瞬間、明りが消える。

が、すぐに点く。

恭　一「なんだろう」

みどり「きっと人が死んだのよ」

由　美「きっと、うちのバアさんだわ」

泰　子「そんな事ねえよ。みどり、いい加減な事言うなよ」

みどり「だって」

美智子、衣服を取って着始める。

全員それにならう。

美智子「理恵、大丈夫かしら」

恭一。

健。

128　街

人通りのないアーケード。
理恵、歩いている。
雨は小降りになり、風も弱い。
横町から出て来た酔っ払いにからまれる。
慌てて逃げ出す理恵。

129　ガード下

理恵、浮浪者とすれ違う。

130　住宅街

犬の吠える声。
理恵、外燈の下を歩く。

131　小林の部屋

小林、ふとんに横になりマンガ本を読んでいる。
ノックの音。
小　林「はい。どうぞ」
理恵、ドアを開けて現れる。
小　林「なんだ、お前」
理　恵「すいません。あのー、一晩泊めて下さい」
小　林「(笑いながら)やっぱりな。戻って来ると思ってたんだよ。上がれよ」
理恵、靴を脱ぐ。

132　5組教室

泰子と由美、重なるように寝ている。
いつの間にか体操用のマットレスがしかれている。
美智子、みどり、健、頭をよせあってヒソヒソ話しをしている。
みどり「台風行ったら、みんなでどこか行こうね」
美智子「うん」
恭一、ひとり部屋のすみで膝をかゝえて座り込んでいる。

133　小林の部屋

狭い部屋に2組のフトンがしいてある。

小　林「おい、もう寝たか」
理　恵「まだです」
小　林「おれ、そっち行ってもいいかな」
理　恵「交換するんですか」
小　林「そうじゃなくてさ（枕を持って理恵の隣りにくっつく）」
理　恵「熱くないですか」
小　林「平気だ。お前、何、考えてんだ」
理　恵「三上君のこと」
小　林「また、そいつかよ」
理　恵「でも、ほんとにカッコいいんです」
小　林「へー、あってみてえな」
理　恵「今度、一緒に東京来ますから」

134　5組教室

全員、眠っている。
恭一だけを残して。
恭一、同じ姿勢でずっと一点を見つめている。

135　小林の部屋

小　林「三上って奴の事、もっと話せよ」
理　恵「えーと……、あたしもよく知らないんです。勉強は出来るけど、ちょっと神経が細かすぎて、スポーツは万能だけど、ちょっと勝ち負けにこだわる方で」

小林の手、理恵のフトンの中に入って来る。

理　恵「彼もわたしの事よく知っているかどうかわかりません」

小林の手、フトンの中で理恵の体をまさぐり始める。

理　恵「わたしがこのごろ考えている事も。なんで東京になんか来たかって事も」

136　5組教室

恭一、いまだに同じ姿勢を崩さない。

健達の寝息が聞こえる。

137　小林の部屋

理　恵「（泣いている）三上君は全然わかってい
ません。……なぜ、私が台風を待っていたかって
事も。なんでわたしが、おかあさんを嫌いかって
事も……。（涙で声がつまる）」

小林、理恵の泣き顔に驚いてゆっくり
と手を引っ込め、自分のフトンへ帰る。
泣き顔の理恵。

138　5組教室

Ⓣ─日曜日、午前3時。
恭一、急に起き上がる。
ゆっくり窓に近づき、開ける。
強い風雨が入り込んで来る。
健、美智子、由美、泰子、みどり、寝
ぼけた眼をこすりながら起き上がる。

健　「なんだ。どうしたんだ三上」
美智子「三上君、どかしたの」

恭　一「みんな、これからいいもの見せてやるか
ら、起き上がってよく見てくれ」
全員、立ち上がる。

恭　一「（窓わくに手をかける）おれ、わかった
んだ。なぜ、理恵が変になったのか。なぜ、みん
ながこうなってしまったか。おれは、わかった。
つまり、死は生に先行するんだ」
健　「え？　何だ？」
美智子「どうしたのよ、一体」
恭　一「よく聞いてくれ。死ぬ事は、生きる事の
前提なんだ。おれ達には、厳粛に生きるための、
厳粛な死が与えられていない。だから、おれはみ
んなに死んでみせてやる。みんなが生きるために」
全　員「えっ！（駆け寄る）」
恭　一「（窓枠によじ登る）いいか、よく見てろよ。
これが死だ（飛び降りる）」
全員、窓にかけ寄る。

139　同・外（俯瞰）

恭一、グラウンドに吸い込まれる。
水しぶきが上がり、池のようになった

グラウンドの水面に、その体はかくされる。
しばらくして、走って来る健達5人。
水の中をバチャバチャやりながら、恭一の体をさがす。が、なかなか見つからない。
そのうち、泰子が抱きかゝえる。

140　駅前

Ⓣ—月曜日　午前11時。
理恵、制服姿で出て来る。
明るい日ざしの中で、両側の商店街の人々が、台風の後かたづけをしている。
理恵、その通りをすがすがしそうに歩く。
回りの人々、時おり理恵の姿を目で追うが、またすぐにもとの作業に励む。

141　裏通り

理恵、カバンをふり回しながら行く。

142　土手

水かさがいまだに減らない川を見ながら理恵が行く。

143　通学路

理恵、後ろをふり向き立ち止まり。
明、後ろからビニール袋をもって駆けて来る。
理恵「おはよう。どこ行くの」
明「学校」
理恵「今から？」
明「うん」
理恵「遅刻じゃない」
明「あれ！　知らないの。きょう休みだぜ」
理恵「えっ、ほんと。なーんだ。でも明は学校行くんでしょう」

明　「プール。家にいると、とうちゃんがうるさくて。台風のせいで野菜が2倍で売れるんだって。手伝わされるから」
理　恵「そう。じゃ、あたしも行こう。みんないるからな」

144　中学校・附近

理　恵「(歩きながら)明、背がのびたんじゃない。ずいぶん大きい感じ」
明　「そうかな(得意そう)」

145　校門

理　恵「(入りかけて立ち止まる)わあー、見て。とってもきれい」
明　「(のぞく)わあー。すげえ」

146　校舎全景

校庭に大きな湖ができている。その水面が、真っ青な空とガラス張りの校舎を映して揺れている。

147　校門

理　恵「まるで金閣寺みたい」

明、ズボンをまくり上げてジャブジャブとその湖の中に入って行く。

理恵も、スカートのすそをたくし上げて入って行く。

湖を渡って、玄関までたどり着こうとするその二人の後ろ姿にダブって、クレジット・タイトル。

エンド・マーク。

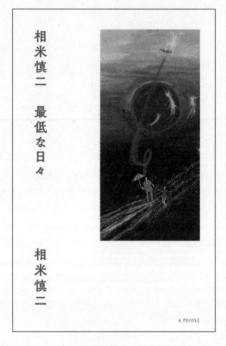

編集　小林淳一
装幀　山城絵里砂

DTP　エルグ
編集協力　山本純子
特別協力　ムスタッシュ
　　　　　ユーロスペース
協力　田辺順子
　　　榎戸耕史

「台風クラブ」
1985年
製作　ディレクターズ・カンパニー
提供　中央映画貿易
　　　ダブル・フィールド
配給：A PEOPLE CINEMA
協力：ユーロスペース
　　　ムスタッシュ

作家主義　相米慎二２０２３
台風クラブ
シナリオ完全採録

２０２３年９月９日　第１刷発行

発行人　田中保成
編集統括　溝樽欣二
印刷所　中央精版印刷株式会社

発行所　ＡＰＥＯＰＬＥ株式会社
〒一六〇-〇〇一一
神奈川県川崎市麻生区上麻生
三-一五-一-三〇四

発売　ライスプレス株式会社
〒一五〇-〇〇四一
東京都渋谷区神南一-一二-五
JINNAN HOUSE 2F
電話　〇三-六七二一-〇五八六

ISBN978-4-909792-44-0
Printed in japan